ISABELLA SCHREMMER

100 Klassiker aus dem Dampfgarer

ISBN 978-3-7088-0712-6

kneipp verlag
WIEN

Lobkowitzplatz 1
A-1010 Wien

www.kneippverlag.com
www.facebook.com/KneippVerlagWien

Lektorat: Kneipp Verlag
Cover und Grafikdesign: Oskar Kubinecz, www.kubinecz.at
Bildrecherche: Lydia Gribowitsch

Bildnachweis:
Miele: S. 7, 8
Fotolia: S. 9, 11, 15, 25, 41, 54, 57, 73, 77, 99, 141, 143, 153, 167
iStock: S. 17, 29, 35, 43, 51, 91, 103, 105, 107, 109, 111, 127, 131, 135, 145, 151, 161, 173
shutterstock: S. 21, 31, 37, 47, 61, 63, 67, 71, 75, 79, 83, 87, 93, 95, 113, 121, 125, 129, 133, 137, 155
dreamstime: S. 169
Peter Barci: S. 117, 157, 163

Druck und Bindung: DZS Grafik
Printed in the EU
7 6 5 4 3 2

ISABELLA SCHREMMER

100 Klassiker aus dem Dampfgarer

Die besten traditionellen Rezepte

Leichter Genuss: Fisch aus dem Dampf

Von Huhn bis Rind: die moderne Fleischküche

Auf Vorrat: Marmeladen, Chutneys und Mus

Einfach genießen: die süße Dampfküche

Ich gebe zu: Ich liebe meinen Dampfgarer, verwende ihn nahezu jeden Tag und mache eigentlich fast alles damit.

Er ist zu einem absoluten Allrounder in meiner Küche geworden. Umso erstaunter bin ich, wenn mich Freunde und Bekannte manchmal fragen: „Wozu brauchst du den Dampfgarer denn überhaupt? Gemüse kann man doch einfach im Topf kochen." Meist bereite ich dann schnell etwas zu, zum Beispiel mein Fünf-Minuten-Dampfgar-Gemüse – und schon habe ich Überzeugungsarbeit geleistet (spätestens aber, wenn gedämpfte Semmelknödel kredenzt werden, sind selbst die letzten Skeptiker „dampfgarverliebt").
Die positiven Reaktionen meiner Freunde haben mich zu diesem Kochbuch inspiriert. Ich möchte hier zeigen, dass man mit dem Dampfgarer nicht nur Gemüse auf den Tisch zaubern kann, sondern dass sich auch viele sogenannte Küchenklassiker wunderbar „mit Dampf" zubereiten lassen – weil diese Garmethode gesund und nährstofferhaltend ist und weil sie in puncto Geschmack volle Ergebnisse liefert. Das aber vielleicht Schönste an der modernen Dampfgar-Küche ist: Die Handhabung ist kinderleicht, die meisten Speisen werden fast von alleine fertig, oftmals lassen sich sogar ganze Menüs in einem einzigen Durchgang zubereiten. Auch zum einfachen Aufwärmen gibt es übrigens nichts Besseres! Ein Dampfgarer ist also unglaublich vielseitig zu verwenden und ein wunderbarer Helfer für eine schnelle und gesunde Alltagsküche.

Mein Dampfgarer ist aber nicht nur zum Kochen da, sondern auch zum Sterilisieren. Ich verwende ihn, um die Gläser für meine selbst gemachte Marmelade keimfrei zu machen. Und habe ich früher Babyflaschen, Schnuller & Co meiner Kinder im Dampfgarer sterilisiert, so sind es heute Sportflaschen, die ich auf diese Art und Weise wieder „porentief" sauber mache. Ich koche einfach die gereinigten Flaschen bei 100 °C etwa 8 Minuten aus.

Sie sehen, die Einsatzgebiete sind vielfältig ... In diesem Sinne wünsche ich Ihnen viel Spaß mit meinem Buch und mit Ihrem Dampfgarer!

Ihre Isabella Schremmer

Übrigens, mein Fünf-Minuten-Dampfgar-Gemüse bereite ich so zu: Ich gebe klein geschnittenes Gemüse nach Wahl (Lauch, Karotten, Tomaten ...) mit einer Handvoll frisch gehackter Kräuter, etwas Salz und Frischkäse in einen ungelochten Behälter, dämpfe es 5 Minuten bei 100 °C und rühre es vor dem Servieren kurz um. Fertig.

Mit Volldampf voraus

Die Methode ist uralt. In den chinesischen Küchen wird seit Jahrhunderten unter Dampf gegart. Auch unsere Großmütter hierzulande haben bereits den Dampf in der Küche genutzt – allerdings mit großem Zeitaufwand, nämlich beim Kochen im Wasserbad. Die Grazer Kochbuch-Autorin Katharina Prato schrieb in ihrem 1858 im Styria-Verlag erschienenen Grundlagen-Kochbuch „Süddeutsche Küche" unter anderem über das Dampfgaren: „Dämpfen besteht darin, dass etwas in einem verdeckten Geschirr mit ein wenig Flüssigkeit von welcher sich Dunst entwickelt, gekocht wird. (...) Selbst zäheres Fleisch und älteres Geflügel wird durch diese Bereitungsart am mürbsten und der Geschmack von jedem besonders gut."

Am Prinzip hat sich bis heute – selbst in den modernen High-Tech-Dampfgar-Geräten – nichts geändert: Dampf steigt hoch und gart die Lebensmittel. Das klingt einfach und ist einfach – vor allem aber auch gesund. Die Speisen liegen auf gelochten oder ungelochten Einsätzen, und der heiße Dampf umschließt sie von allen Seiten. Zellwände und harte Fasern werden aufgeweicht, die Stärke quillt auf, und Proteine gerinnen – aber weil die Speisen eben nicht im heißen Wasser liegen, laugen sie dabei nicht aus, lebenswichtige Nährstoffe wie Mineralstoffe, Spurenelemente und wasserlösliche Vitamine bleiben nahezu vollständig erhalten. Wer schon einmal im Topf Gemüse blanchiert oder Spargel gekocht hat (und wer hat das nicht?), weiß, dass die verbleibende Flüssigkeit kein Wasser, sondern eigentlich ein ziemlich schmackhafter Fond ist. Bei Reis ist das besonders eindrucksvoll zu sehen: Ausgeschwemmte Mineralstoffe & Co färben das Kochwasser milchig-grau – all die guten Vitalstoffe, die drinnen sind, landen dennoch meist direttissimo im Ausguss.

Während beim „gewöhnlichen" Kochen bis zu 50 Prozent der Nähr- und Vitalstoffe ins Kochwasser ausgeschwemmt werden, bleiben sie beim Dampfgaren dort, wo sie hingehören: im Gargut.

Aber nicht nur die Vital-, sondern auch alle Aromastoffe bleiben beim Dampfgaren im Gargut erhalten. Speisen, die mit dieser Methode zubereitetet werden, schmecken dadurch mit weniger Salz und Fett als beim herkömmlich Kochen bereits hervorragend – oder kommen sogar ganz ohne aus. Und weil im Dampfgarer immer frischer Dampf produziert wird, behalten die Zutaten ihren Eigengeschmack, das heißt, die einzelnen Aromen vermischen sich nicht. Selbst wenn beispielsweise Karotten und Sellerie gemeinsam gegart werden, schmecken die Karotten nicht nach Sellerie.
Und diese Zubereitungsart hat noch weitere Vorteile: Die Speisen schwimmen eben nicht im kochendem Wasser – Farbe, Form und Struktur bleiben erhalten.

Es ist dann wirklich keine große Kunst mehr, bissfestes und buntes Gemüse auf den Teller zu bringen. Beim Dampfgaren sind zudem geringere Temperaturen notwendig. Dampf überträgt Hitze besser als trockene Luft (eine Tatsache, die wohl jeder Saunabesucher kennt!). Das heißt, es gibt quasi „mehr Hitze bei gleicher Temperatur", und so bleibt das Innenleben des Garguts zart und weich.

So gesund und gut die Dampfgar-Küche ist, so einfach ist sie auch: In einem Dampfgarer kann nichts anbrennen, zerkochen oder überlaufen, Sie können ihn also ruhigen Gewissens alleine lassen und brauchen ihn nicht zu „beaufsichtigen", denn selbst langes Umrühren ist nicht notwendig. Und, klug geplant, kann man in einem Dampfgarer mehrere Gerichte gleichzeitig garen. Man beginnt einfach mit dem Gericht, das die längste Garzeit hat, und gibt nach und nach die weiteren Gerichte dazu. So spart man nicht nur ordentlich Energie, sondern zudem übervolle Geschirrspüler. Überhaupt ist das Reinigen in der Dampfgarer-Küche denkbar einfach, da ja – fast – keine Öle oder Fette verwendet werden und auch nichts anbrennen kann. Einfach mit dem Geschirrtuch abwischen. Fertig.

Liebkind der Profiköche

In den 1970er-Jahren wurden professionelle Dampfgarer für Gastronomie und Catering-Industrie entwickelt. Anfang der 80er-Jahre gelang es dann, diese Technologie in Geräte für den Privathaushalt einzubauen – der Siegeszug der Dampfgarer kam langsam, aber stetig ins Rollen. Heute arbeitet nicht nur so ziemlich jeder Profikoch mit einem Dampfgarer, auch in vielen Privatküchen haben diese Geräte bereits die Mikrowelle ersetzt.

Die Rezepte für dieses Buch wurden in einem Miele-Dampfgarer zubereitet, die Garzeiten sind darauf abgestimmt (es zählen nur die effektiven Kochzeiten, die Zeit des Aufheizens kann unberücksichtigt bleiben). Ich habe auch Garbehälter aus dem Miele-Sortiment verwendet, allerdings kann grundsätzlich jedes hitzebeständige Geschirr zum Einsatz kommen. Wobei zu beachten gilt, dass etwa Edelstahl die Hitze besser leitet als Keramik.
Für alle Gerichte, die ganz ohne Flüssigkeit gegart werden, zum Beispiel Gemüse, Knödel und Kartoffeln, brauchen Sie gelochte Garbehälter. Damit nichts anklebt, können diese Behälter mit Backpapier bzw. für ein zusätzliches Aroma mit Gemüse oder Früchten ausgelegt werden – zum Beispiel mit Zitronenscheiben. Wenn Flüssigkeit benötigt wird (also bei Reis, Nudeln etc.) oder Saft entstehen soll (wie etwa bei Tafelspitz oder Gulasch), braucht es natürlich ungelochte Garbehälter.

Grundsätzlich sollten die Speisen nicht abgedeckt werden, weil dann der Dampf das Lebensmittel gut umhüllen kann. Abdecken ist nur notwendig, wenn man verhindern muss, dass sich Kondenswasser auf Speisen absetzt (zum Beispiel bei Soufflés).
Eigentlich können im Dampfgarer nahezu alle Gerichte zubereitet werden. Wenn Sie allerdings Röstaromen haben wollen, braten Sie einfach Zwiebeln, Fleisch oder Gemüse vorher in der Pfanne kurz an und dämpfen Sie sie dann im Dampfgarer fertig.

Was der Dampfgarer alles kann – ein schneller Überblick

1. Dampfgaren

Der Dampfgarer bietet einen Temperaturbereich von 40–120 °C – die meisten Speisen werden jedoch mit 100 °C zubereitet. Es können auch mehrere Gerichte gleichzeitig gegart werden.

2. Auftauen

Im Dampfgarer lassen sich bei 50–60 °C alle Speisen sehr schonend, aber dennoch rasch auftauen (angebrannte oder graue Stellen gehören der Vergangenheit an). Darüber hinaus werden eingefrorene Milchprodukte oder Gebäck im Dampfgarer nicht nur aufgetaut, sie sind auch gleich verzehrfertig.
Wichtig: Lassen Sie aufgetaute Gerichte noch einige Minuten bei Zimmertemperatur stehen. Diese Ausgleichszeit ist notwendig, damit das Gargut bis ins Innereste auftauen kann.

3. Erhitzen

Im Dampfgarer erwärmte Speisen sehen aus und schmecken wie frisch gegart. Profis sprechen daher hier auch von „Regenerieren". Für das Aufwärmen bereits gegarter Speisen – bei Bedarf gleich mehrerer Teller gemeinsam – hat sich eine Temperatur von 90 °C als perfekt erwiesen. In ca. 5 Minuten ist ein Gericht warm und der Teller gleich mit.

4. Blanchieren

Manche Lebensmittel sollten vor der Zubereitung blanchiert werden, zum Beispiel Spinat oder Mungbohnen. Aber auch wenn man Lebensmittel einfrieren will, empfiehlt es sich, sie vorher zu blanchieren. Im Dampfgarer reichen dabei 1–2 Minuten bei 100 °C völlig aus. Durch dieses kurzzeitige Erhitzen werden die in Obst und Gemüse enthaltenen Enzyme, die während der Gefrierlagerung Aromen und Vitamine abbauen, deutlich reduziert. Achtung: Damit die Lebensmittel nicht nachgaren, sollten sie unmittelbar nach dem Blanchieren mit Eiswasser abgekühlt werden.

5. Entsaften

Unter Dampf lässt sich hervorragender Saft machen. Dafür legt man einfach das gesäuberte, am besten vollreife Obst (eventuell mit etwas Zucker vermischt) in einen gelochten Garbehälter und platziert darunter einen ungelochten Behälter.

Empfohlene Garzeiten

Entsaften	Temperatur	Zeit
Weiche Früchte	100 °C	40–60 Min.
Mittelharte Früchte	120 °C	30–45 Min.
Harte Früchte	120 °C	40–50 Min.

6. Einkochen

Ob bei Obst, Gemüse oder Fleisch: Einkochen ist das beste Haltbarmachen, hilft Garten- oder Beetbesitzern, eine reiche Ernte zu verarbeiten – und geht gar nicht so schwer. Wichtig ist, dass man immer nur sauber gespülte und (im Dampfgarer) sterilisierte Gläser verwendet. Reinigen Sie den Glasrand nach dem Einfüllen der Lebensmittel mit einem sauberen Tuch und heißem Wasser und verschließen Sie die Gläser (ob Twist-off-Deckel oder Glasdeckel mit Gummidichtung). Zudem sollten Sie darauf achten, dass die Gläser die gleiche Größe haben und alles gleichmäßig eingekocht wird.

Füllen Sie die Lebensmittel nur locker in das Glas (bis maximal 3 cm unter den Rand). Nicht drücken, sonst werden die Zellwände zerstört – klopfen Sie lediglich mit dem Glas ein paar mal auf den Tisch, damit sich der Inhalt besser verteilt. Schieben Sie den Rost in die unterste Einschubebene und stellen Sie die Gläser darauf. Die Gläser dürfen sich nicht berühren. Nutzen Sie nach der Garzeit die Nachwärme, lassen Sie die Gläser noch 30 Minuten im Gerät stehen und danach, eng beieinander stehend und mit einem Tuch abgedeckt, 24 Stunden langsam abkühlen.

Empfohlene Garzeiten*

Einkochen	Temperatur	Zeit
Beeren	80 °C	50–55 Min.
Steinobst	85 °C	55 Min.
Kernobst	90 °C	55–65 Min.
Weiches Gemüse (z. B. Gurken)	90 °C	55 Min.
Hartes Gemüse (z. B. Bohnen)	100 °C	120 Min.
Fleisch	90 °C	90 Min.

* bei 1-Liter-Gläsern

7. Tricks

Der Dampfgarer ist ein wirklich kluges Helferchen in der Küche: Schokolade schmelzen, Honig flüssig machen, Gelatine, Joghurt oder Frischkäse zubereiten ... alles kein Problem. Doch mit dem Dampfgarer kann man nicht nur kochen, sondern sogar sterilisieren – einerseits natürlich die Gläser für die Marmeladeproduktion, andererseits aber auch Schnuller, Babyflaschen, Sportflaschen und vieles mehr. Denn bei 100 °C verschwinden selbst die lästigsten Keime im Nu (manch einer hat übrigens schon die Kleberreste auf CD-Hüllen mit Hilfe eines Dampfgarers entfernt).

Alles aus einer Schüssel:
Suppen, Eintöpfe & Co

Steirische Bohnensuppe

Zutaten für 4 Portionen:

250 g Käferbohnen
1 Lorbeerblatt
1 Stängel Thymian
1 Zwiebel, gehackt
4 Knoblauchzehen, gehackt
etwas Öl
1 EL Tomatenmark
1 l Hühnersuppe
200 ml Weißwein
2–3 Karotten
½ Knolle Sellerie, in kleinen Stücken
Salz, Pfeffer, Kümmel, Bohnenkraut, Piment
1–2 EL Schlagsahne (Schlagobers)
4 TL saure Sahne (Sauerrahm)

Bohnen in eine Schüssel geben, mit Wasser bedecken und über Nacht einweichen lassen. Am nächsten Tag das Wasser abgießen, die Bohnen in einen ungelochten Garbehälter geben und mit frischem Wasser bedecken. Lorbeerblatt und Thymian dazugeben.

Bohnen im Dampfgarer 60 Minuten bei 100 °C garen. Zwiebel und Knoblauch in etwas Öl glasig anschwitzen. Bohnen abgießen und mit Tomatenmark, Hühnersuppe, Weißwein, Zwiebeln, Knoblauch, Karotten, Sellerie und Gewürzen in einen ungelochten Garbehälter geben. Nochmals bei 100 °C rund 15 Minuten garen.

Herausnehmen, ein paar Bohnen als spätere Einlage herausfischen, den Rest mit dem Stabmixer pürieren. Die Suppe durch ein Sieb passieren und etwas Schlagsahne unterrühren.

Mit den ganzen Bohnen und 1 Klecks saurer Sahne pro Portion servieren.

Kürbissuppe

Zutaten für 4 Portionen:

2 kleine Zwiebeln, in kleinen Stücken
600 g Kürbis, in kleinen Stücken
3 Karotten, in kleinen Stücken
1 kleine Chilischote, fein gehackt
5 cm Ingwer, frisch gerieben
700 ml Gemüsebrühe
350 ml Kokosmilch
Salz, Pfeffer
etwas Kürbiskernöl
1 Dose Flusskrebse

Zwiebeln, Kürbisfleisch, Karotten sowie Chili und Ingwer mit der Gemüsebrühe in einen ungelochten Behälter geben und bei 100 °C 25 Minuten garen.

Die Suppe fein pürieren, eventuell durch ein Sieb streichen. Die Kokosmilch unterrühren. Mit Salz, Pfeffer und Kürbiskernöl abschmecken und nochmals ein paar Minuten im Dampfgarer erwärmen.
Mit Flusskrebsen als Einlage servieren.

Gazpacho

Zutaten für 4 Portionen:

6 Tomaten
4 Scheiben Weißbrot, ohne Rinde
2 rote Paprika, entkernt
1 Salatgurke, geschält
2 Knoblauchzehen, fein gehackt
etwas Ingwer, fein gehackt
Saft von 1 Limette
1 EL Paprikapulver
1 TL Weißweinessig
300 ml Tomatensaft
2 EL Olivenöl
Zucker, Salz, Pfeffer
Basilikumblätter zum Garnieren

Tomaten kreuzförmig einritzen und im gelochten Garbehälter bei 100 °C 2 Minuten blanchieren. Dann in Eiswasser tauchen und die Haut abziehen. Brot in 4 EL lauwarmem Wasser einweichen.

Gemüse, Knoblauch, Ingwer, das ausgedrückte Brot, Limettensaft, Paprikapulver und Essig im Mixer fein pürieren. Tomatensaft und Öl unterrühren und mit Zucker, Salz und Pfeffer abschmecken.
Mindestens 1 Stunde im Kühlschrank kalt stellen.
Mit Basilikum garniert servieren.

Norditalienische Minestrone

Zutaten für 4–6 Portionen:

1,5 l Gemüsebrühe
100 g Blumenkohl (Karfiol), in mundgerechten Stücken
3 Frühlingszwiebeln, in Ringen
1 Karotte, in mundgerechten Stücken
1 Kartoffel, geschält, in mundgerechten Stücken
2 Knoblauchzehen
100 g Staudensellerie, in mundgerechten Stücken
1 Zucchini, in mundgerechten Stücken
2 Tomaten
250 g Pancetta (geräucherter Schinkenspeck)
1 EL Olivenöl
1 Tasse Reis
½ Bund Petersilie, gehackt
etwas Salbei, gehackt
Salz, Pfeffer
Parmesan, frisch gerieben

Gemüsebrühe mit Blumenkohl, Frühlingszwiebeln, Karotte, Kartoffel, Knoblauch, Staudensellerie und Zucchini in einen ungelochten Garbehälter geben und bei 100 °C etwa 25 Minuten garen.

Tomaten kreuzweise einschneiden, in einen gelochten Garbehälter geben und 3 Minuten im Dampfgarer mitgaren lassen. Herausnehmen und sofort häuten. Speck in Würfel schneiden und in einer Pfanne mit dem Olivenöl auslassen.

Speck und Reis in die Suppe geben und alles weitere 20 Minuten garen. Am Ende der Garzeit die Tomaten und Kräuter zugeben und alles im Dampfgarer noch einige Minuten ziehen lassen. Salzen und pfeffern. Mit Parmesan bestreut servieren.

Kohlsuppe

Zutaten für 10 Portionen:

1 Kopf Weißkohl (Weißkraut), gewürfelt
6 Zwiebeln, in Ringen
1 kg Karotten, in Stücken
2 Paprika, gewürfelt
8 Tomaten, gewürfelt
1 Staudensellerie, in Ringen
2 Handvoll Kräuter nach Wahl, fein gehackt

Alle Zutaten in einen großen ungelochten Behälter geben und so viel Wasser einfüllen, dass alles bedeckt ist. 10 Minuten bei 100 °C garen und dann weitere 20 Minuten bei 90 °C.

Die Kohlsuppe ist nicht nur ein beliebtes Diätgericht. Das Grundrezept kann beliebig abgewandelt werden (zum Beispiel mit Curry, Ingwer oder auch Roten Beten) und schmeckt immer. Soll die „geniale Kohlsuppe" allerdings beim Abnehmen unterstützen, dürfen weder Salz noch Zucker hinein. Mit einer einwöchigen Kohlsuppen-Diät gelingt es ohne Weiteres, bis zu 4 Kilogramm abzunehmen. Das Gute: Je mehr Suppe man isst, desto eher purzeln die Kilos. Man darf bei dieser Diät auch ein paar andere Dinge essen, sollte sich aber an den Plan halten.

Tag 1: Kohlsuppe und Obst (außer Bananen und Honigmelonen)
Tag 2: Kohlsuppe und gedämpftes Gemüse, abends gedämpfte Kartoffeln und Magertopfen
Tag 3: Kohlsuppe, Obst und Gemüse
Tag 4: Kohlsuppe und 3 Bananen mit 250 ml Milch
Tag 5: Kohlsuppe und – am besten – gedämpfte Hühnerbrust mit 3–4 Tomaten
Tag 6: Kohlsuppe und ein Stück Steak mit gedämpftem Gemüse und Salat
Tag 7: Kohlsuppe und nochmals Steak mit Vollkornreis und gedämpftem Gemüse

Erbsensuppe mit Frankfurter Würstchen

Zutaten für 8–12 Portionen:

500 ml Gemüsebrühe
800 g Tiefkühl-Erbsen
½ Zwiebel, klein gewürfelt
1 TL Majoran, frisch gehackt
1 Lorbeerblatt
2 Kartoffeln, geschält und in kleinen Stücken
1 Bund Suppengrün, kleine Stücke
4 Paar Frankfurter (Wiener)
100 ml Schlagsahne (Schlagobers)
Salz, Pfeffer
etwas Weißweinessig

Gemüsebrühe mit tiefgekühlten Erbsen, Zwiebel, Gewürzen, Kartoffeln und Suppengrün in einen ungelochten Garbehälter geben und bei 100 °C 10 Minuten garen lassen.

Dann die Suppe aus dem Dampfgarer nehmen. Die Würstchen in einen gelochten Garbehälter geben und 5 Minuten bei 100 °C garen lassen. Einstweilen das Lorbeerblatt aus der Suppe fischen, die Schlagsahne einrühren und alles mit dem Stabmixer pürieren. Mit Salz, Pfeffer und etwas Essig abschmecken.
Die Suppe in Teller füllen und die Würstchen einlegen.

Seit ich auch Würstchen im Dampfgarer koche, ist „Aufplatzen" nur noch Küchengeschichte: Je nach Art und Dicke werden die Würstchen in einem gelochten Behälter einfach bei 90–100 °C 5–8 Minuten gegart.

Petersilienwurzelsuppe mit Knoblauch-Croûtons

Zutaten für 4 Portionen:

2 Schalotten, klein geschnitten
4 EL Butter
450 g Petersilienwurzel, klein geschnitten
100 g Kartoffeln, geschält, klein geschnitten
1 Stange Staudensellerie, klein geschnitten
100 ml Weißwein
800 ml Gemüsebrühe
4 Knoblauchzehen
2 dünne Baguettebrötchen, in kleinen Würfeln
100 ml saure Sahne (Sauerrahm)
Salz, Pfeffer, Muskat
etwas Petersilie für die Garnitur

Schalotten mit 2 EL Butter in einer beschichteten Pfanne anschwitzen, dann das Gemüse zugeben, kurz anschwitzen lassen und mit Weißwein ablöschen. Alles in einen ungelochten Garbehälter umfüllen, Gemüsebrühe dazugießen und bei 100 °C 30 Minuten dämpfen.

In der gleichen Pfanne die restliche Butter erwärmen, den Knoblauch einpressen und bei geringer Hitze und unter Rühren eine Knoblauchbutter herstellen. Brotwürfel einlegen und unter gelegentlichem Rühren goldbraun rösten.

Suppe aus dem Dampfgarer nehmen, saure Sahne hinzufügen und alles mit dem Stabmixer fein pürieren. Mit den Gewürzen abschmecken und mit den Croûtons und etwas Petersilie servieren.

Zucchinicremesuppe

Zutaten für 4 Portionen:

3–4 Zucchini, in Stücken
1 große mehlige Kartoffel, geschält, in Stücken
500 ml Gemüsebrühe
2 Knoblauchzehen
100 ml Schlagsahne (Schlagobers)
Salz, Pfeffer, Muskat
1 Bund Petersilie, gehackt

Zucchini und Kartoffel in einen gelochten Behälter geben und 15 Minuten bei 100 °C dämpfen. Dann in einen nicht gelochten Behälter umfüllen, mit Gemüsebrühe aufgießen, Knoblauchzehen einlegen und weitere 5 Minuten bei 100 °C dämpfen.

Mit dem Stabmixer pürieren und mit Schlagsahne, Salz, Pfeffer und Muskat abschmecken.
Mit Petersilie bestreut servieren.

Karottensuppe

Zutaten für 4 Portionen:

6–8 Karotten, klein geschnitten
1 Staudensellerie, klein geschnitten
1 Zwiebel, klein geschnitten
400 ml Gemüsebrühe
4 cm Ingwer, geschält, gerieben
30 ml Weißwein
Saft von 1 Orange
1 EL Rapsöl
Salz, Pfeffer, Zucker, Muskat
100 ml Schlagsahne (Schlagobers)
½ Bund Petersilie, gehackt

Das geschnittene Gemüse und die Brühe in einen ungelochten Garbehälter geben und bei 100 °C rund 20 Minuten dämpfen. Aus dem Dampfgarer nehmen, Ingwer und Weißwein in die Brühe geben und alles nochmals bei 100 °C 18 Minuten dämpfen.

Dann Orangensaft und Öl dazugeben und alles mit dem Stabmixer fein pürieren. Wer die Suppe besonders fein mag, kann sie durch ein engmaschiges Sieb streichen. Mit Salz, Pfeffer, Muskat und Zucker abschmecken.

Schlagsahne mit 1 Prise Salz steif schlagen und die Suppe mit 1 Klecks Schlagsahne pro Portion und mit Petersilie bestreut servieren.

Bellas Gründonnerstagssuppe

Zutaten für 4 Portionen:

1 kleine Zwiebel, gehackt
½ Stange Lauch, in Ringen
2 EL Olivenöl
4 große Kartoffeln, geschält, in Stücken
700 ml Gemüsebrühe
2 Knoblauchzehen
Salz, Pfeffer, Muskat
4 große Handvoll Wildkräuter (Gundermann, Spitzwegerich, Sauerampfer, Brennnessel, Löwenzahn, junge Birkenblätter, Knoblauchsrauke, Giersch und Gänseblümchen)
2 EL Butter
150 ml Schlagsahne (Schlagobers)
Saft von 1 Zitrone

Zwiebel und das Weiße vom Lauch in 1 EL Olivenöl glasig dünsten. Mit Kartoffeln, Brühe, Knoblauch und Gewürzen in einem ungelochten Garbehälter bei 100 °C 30 Minuten dämpfen.

Wildkräuter grob hacken (ein paar Gänseblümchen beiseitelegen) und mit etwas Olivenöl fein pürieren. Mit Butter, Schlagsahne und Zitronensaft in die Suppe geben. Die Suppe nochmals mit dem Stabmixer gut pürieren. Abschmecken.

Vor dem Servieren kurz aufschäumen und mit Gänseblümchen bestreuen.

Die Gründonnerstagssuppe besteht aus 9 Wildkräutern und ist ein traditionelles Essen zu Frühlingsbeginn. Bei uns kommt diese Suppe aber öfter auf den Tisch und immer mit ganz unterschiedlichem Grün – sie schmeckt auch mit herkömmlichen Küchenkräutern sehr gut.

Zünftige Erdäpfelsuppe

Zutaten für 4 Portionen:

1 kg Kartoffeln (Erdäpfel),
geschält, in Würfeln
6 Karotten, in Stücken
3 Knoblauchzehen
1 große Zwiebel, grob gehackt
1 Lauch, in Ringen
1 l Rindsuppe
100 ml Schlagsahne (Schlagobers)
4 EL Speckwürfel
½ Bund Petersilie, gehackt
Salz, Pfeffer

Alle Zutaten – außer der Schlagsahne, den Speckwürfeln und der Petersilie – in einem ungelochten Behälter bei 100 °C 25 Minuten garen. Einige Kartoffelwürfel aus der Suppe nehmen. Suppe und Schlagsahne mit dem Stabmixer gut pürieren. Mit Salz und Pfeffer abschmecken.

Die Speckwürfel in einer beschichteten Pfanne kurz auslassen und mit den Kartoffelwürfeln als Einlage in die Suppe geben.
Mit Petersilie garnieren.

Salzburger Almheu-Suppe mit Eierstich

Zutaten für 6 Portionen:

20 g frisches biologisches Bergheu
2 Lorbeerblätter
4 Gewürznelken
1 Zwiebel
50 g Butter
50 g Mehl
80 ml Weißwein
Salz, Pfeffer
200 ml saure Sahne (Sauerrahm)

Für den Eierstich:

3 Eier
50 ml Milch
50 ml Schlagsahne (Schlagobers)
Salz, Pfeffer, Muskat
etwas Butter

1,5 l Wasser mit Heu, Lorbeer und Gewürznelken in einen ungelochten Garbehälter geben und bei 80 °C 20 Minuten dämpfen lassen. Heu ausdrücken, durch ein Sieb gießen und den Fond in einem Garbehälter auffangen. Auskühlen lassen.

Während der Garzeit Eier, Milch und Schlagsahne für den Eierstich miteinander verrühren. Mit Salz, Pfeffer und Muskat würzen. Einen kleinen ungelochten Garbehälter mit Butter ausstreichen. Die Eiermasse etwa 3 cm hoch einfüllen und bei 90 °C 6 Minuten garen. Den Dampfgarer abdrehen, nicht öffnen, und den Eierstich noch ein paar Minuten nachgaren lassen (machen Sie eine Garprobe – die Masse darf auf Fingerdruck nur ein bisschen nachgeben).
Eierstich auf einen Teller stürzen, auskühlen lassen und in Würfel schneiden.

Für die Suppe Zwiebel in der Butter glasig andünsten, mit Mehl stäuben und mit Weißwein löschen. Zum Heufond in den Garbehälter geben, gut umrühren und im Dampfgarer bei 80 °C etwa 25 Minuten dämpfen. Mit Salz und Pfeffer abschmecken und mit saurer Sahne verfeinern.

Heu bringt in eine besonders feine Note in viele Speisen. Beim Dampfgaren kann man es praktischerweise auch statt Backpapier verwenden. Ich lege zum Beispiel gelochte Behälter damit aus – darüber kommt dann das Fleisch, das auf diese Art und Weise ein ganz besonderes Aroma erhält.

Omas Hühnerkraftsuppe

Zutaten für 8–12 Portionen:

1 große Zwiebel
3 Lorbeerblätter
5 Gewürznelken
3 Zweige Thymian
5 cm Ingwer, in kleinen Stücken
5 cm Kurkuma, geschält, in kleinen Stücken
1 TL Pfefferkörner
1 Bund Liebstöckel
1 ganzes Huhn (ca. 1,5 kg), grob zerteilt
Salz
2 Karotten, in Scheiben
1 Sellerieknolle, in Scheiben
1 Stange Lauch, in Ringen
Pfeffer
Saft von 1 Zitrone
½ Bund Petersilie, gehackt

Die ungeschälte Zwiebel halbieren und mit Lorbeer und Gewürznelken spicken. Thymian, Zwiebel, Ingwer, Kurkuma, Pfefferkörner, Liebstöckel (mit Stängel) und Huhn in einen ungelochten Behälter geben, mit Salzwasser bedecken und bei 100 °C 45 Minuten garen. 15 Minuten vor Garzeit-Ende Karotten, Sellerie und Lauch dazugeben.

Dann das Huhn aus der Suppe heben. Das Fleisch von den Knochen lösen, klein schneiden und zurück in die Suppe geben. Die Suppe mit Salz, Pfeffer und etwas Zitronensaft abschmecken und mit Petersilie bestreuen.

Schnelle Zwiebelsuppe

Zutaten für 4 Portionen:

750 g Zwiebeln, in feinen Streifen
1,25 l Gemüsebrühe
4 Scheiben Toastbrot
4 EL Käse, gerieben
etwas Weißwein
Pfeffer
etwas Paprikapulver

Zwiebeln in einen unbelochten Garbehälter geben und bei 100 °C 12 Minuten garen.

In der Zwischenzeit die Gemüsebrühe wärmen. Toastbrote mit Käse bestreuen und im Backofen bei 180 °C und Oberhitze überbacken.

Die fertig gegarten Zwiebeln in die Suppe geben und mit Weißwein, Pfeffer und Paprikapulver abschmecken. Toastbrote auf die Teller verteilen und mit Suppe übergießen.

Sehr gerne mache ich die Einlage für diese Suppe auch aus Blätterteig: Einfach auf ein mit Backpapier ausgelegtes Blech 4 Kreise (in der Größe der Suppenschüssel) aus Blätterteig legen. Mit geriebenem Käse (Gruyère, Emmentaler, Ziegenkäse) bestreuen und bei 220 °C 20 Minuten knusprig backen.

Leipziger Allerlei

Zutaten für 4–6 Portionen:

10 g getrocknete Morcheln
350 g weißer Spargel
1 TL Zucker
Salz
75 ml Weißwein
50 g Nussbutter (beurre noisette)
350 g Blumenkohl (Karfiol), in Röschen
250 g Teltower Rübchen (oder andere weiße Rübchen), in Stücken
250 g junge Karotten, in Stücken
100 g Zuckerschoten
2 EL Mehl
1 EL frische Butter
100 g Schmand oder saure Sahne (Sauerrahm)
50–100 ml Krustentierfond
Pfeffer, Muskatnuss
200 g Flusskrebsschwänze, kalt abgebraust, abgetropft
etwas Kerbel, fein gehackt

Morcheln waschen und in ca. 100 ml lauwarmem Wasser einweichen, ab und zu schütteln, damit der Sand aus den Falten geschwemmt wird.

Spargel schälen und in mundgerechte Stücke schneiden. Spargelschalen nicht wegwerfen, sondern mit ca. 200 ml Wasser, Zucker und etwas Salz in einem Topf ca. 10 Minuten auskochen. Den Spargelsud durch ein Sieb gießen und wieder in den Topf füllen. Wein und Nussbutter zugeben und kurz aufkochen lassen. Blumenkohl, Rübchen und Karotten mit dem Spargelsud in einen ungelochten Garbehälter geben und 35 Minuten bei 100 °C garen. Während der letzten 10 Minuten die Spargelstücke, Zuckerschoten und ausgedrückten Morcheln dazugeben. Dann Gemüse mit einem Schaumlöffel aus dem Behälter heben. Die restliche Kochbrühe in einen Topf geben.

Mehl mit der Butter verkneten, Schmand glatt rühren. Die Mehlbutter in die Kochbrühe einrühren, Krustentierfond unterrühren, aufkochen lassen, bis die Sauce bindet. Schmand einrühren und mit Salz, Pfeffer und Muskat abschmecken. Gemüse vorsichtig untermischen und nochmals kurz erhitzen.
Mit den Krebsschwänzen und mit Kerbel bestreut servieren.

Deftige Erdäpfelpfanne

Zutaten für 4 Portionen:

400 g Kartoffeln (Erdäpfel), geschält, in Würfeln
200 g Speck, in Würfeln
300 ml Rindsuppe
1 große Zucchini, in Würfeln
1 Stange Lauch, in Röllchen
2 Paprika, in Würfeln
3 Paar Wiener (Frankfurter), in Stücken
Pfeffer, Salz
1 Bund Petersilie, gehackt
120 g Bergkäse, gerieben

Kartoffeln und Speck in einen ungelochten Behälter geben, mit der Rindsuppe auffüllen und 20 Minuten bei 100 °C dämpfen.

Gemüse und Würstchen in einen gelochten Behälter geben und die letzten 10 Minuten zu den Kartoffeln in den Garer stellen.

Backofen auf 180 °C Oberhitze vorheizen.
Kartoffeln mit Gemüse und Würstchen vermischen, mit Salz und Pfeffer abschmecken. Petersilie untermengen. Mischung in eine feuerfeste Form geben, den geriebenen Käse darüberstreuen und alles für 8 Minuten in den Ofen stellen.

Schneller Rinderschmor mit Bratkartoffeln

Zutaten für 4–6 Portionen:

½ kg Kartoffeln, geschält, geviertelt
½ kg Zwiebeln, gehackt
3 EL Öl
1 kg Rindfleisch
1 Spritzer Essig
1 EL Tomatenmark
40 g edelsüßes Paprikapulver
2 Knoblauchzehen
2 Lorbeerblätter
etwas Majoran und Kümmel
Salz
6 Karotten, in Scheiben
4 Frühlingszwiebeln, in Röllchen

Kartoffeln in einen gelochten Garbehälter geben. Zwiebeln mit 2 EL Öl in einen großen, ungelochten Garbehälter geben. Beide Behälter bei 100 °C 10 Minuten garen. Kartoffeln beiseitestellen.

Fleisch in mundgerechte Stücke schneiden und mit allen anderen Zutaten außer Kartoffeln, Karotten Frühlingszwiebeln und Öl zu den Zwiebeln geben. Bei 100 °C 1 Stunde und 40 Minuten garen. 20 Minuten vor Ablauf der Garzeit Karotten und Frühlingzwiebeln zugeben.

Kurz vor Ablauf der Zeit die Kartoffeln in einer beschichteten Pfanne mit dem restlichen Öl anbraten. Gemeinsam mit dem Rinderschmor servieren.

Verwenden Sie für dieses Rezept Fleisch von der Wade (Wadschinken, Bugscherzel, Kalbsvögerl), Keule (Kugel, Nuss) oder Schulter – und für die „edlere Variante" Rindslungenbraten.

Gulasch

Zutaten für 4 Portionen:

3 EL Sonnenblumenöl
300 g Rindfleisch,
in mundgerechten Stücken
Salz, Pfeffer
200 ml Rindsuppe
250 g Zwiebeln, gehackt
100 ml Rotwein
1 Lorbeerblatt
3 TL rosenscharfes Paprikapulver

Öl in einer beschichteten Pfanne heiß werden lassen. Gulaschfleisch darin scharf anbraten. Mit Salz und Pfeffer würzen.

Fleisch mit Suppe, Zwiebeln, Rotwein und Lorbeer in einen ungelochten Garbehälter geben, mit Paprikapulver mischen. Bei 100 °C etwa 50 Minuten dämpfen.

Das Lorbeerblatt entfernen. Gulasch-Garflüssigkeit in einen kleinen Topf gießen, kurz aufkochen und leicht andicken lassen, nochmals abschmecken.
Mit dem Fleisch vermischt servieren.

Am besten eignet sich hier Fleisch von der Keule (Kugel, Nuss) oder Schulter – und für die „Kaisergulasch-Variante" Rindslungenbraten.

Schwäbischer Eintopf

Zutaten für 4 Portionen:

½ kg Rindfleisch zum Kochen (am besten vom Schulterblatt), in mundgerechten Stücken
700 ml Rindsuppe
1 Zwiebel
½ kg Kartoffeln, geschält, in mundgerechten Stücken
½ Sellerieknolle, in mundgerechten Stücken
4 Karotten, in mundgerechten Stücken
2 Lorbeerblätter
2 Nelken

Für die Spätzle:

3 Eier
2 EL Schnittlauch, in Röllchen
300 g Mehl
Salz, Muskat

Alle Zutaten für den Eintopf in einem ungelochten Garbehälter bei 100 °C 45 Minuten garen.

Für die Spätzle Eier mit Schnittlauch verquirlen, nach und nach Mehl zugeben und alles zu einem zähen Teig schlagen, bis dieser ein paar Blasen wirft. Den Teig mit Salz und Muskat würzen. Wasser in einem Topf aufkochen lassen und die Spätzle mit dem Messerrücken von einem Brett hineinschaben oder durch eine Presse ins Wasser drücken. Wenn die Spätzle an der Oberfläche schwimmen, mit einem Schaumlöffel herausheben und warm stellen.
Den Eintopf mit den Kräuterspätzle anrichten.

Dieser Eintopf ist auch als Gaisburger Marsch bekannt, er wurde angeblich zu Kriegszeiten von Frauen erfunden, die ihre in der Kaserne eingesperrten Männer mit einer gehaltvollen Speise aufpäppeln wollten. Ich finde ihn wegen der Kombination aus Kartoffeln und Spätzle so hervorragend. Allerdings mache ich immer mindestens die doppelte Portion Spätzle – und am nächsten Tag dann gleich eine Spätzlepfanne (Rezept siehe Seite 49).

Westfälischer Linseneintopf

Zutaten für 4 Portionen:

- 100 g geräucherter Bauchspeck, gewürfelt
- 1 Zwiebel, gewürfelt
- 1 Bund Suppengrün, gewürfelt
- 250 g Belugalinsen
- 450 ml Rindsuppe
- 3 Lorbeerblätter
- 4 Scheiben Kasseler (Selchfleisch), in Würfeln
- Salz, Pfeffer
- etwas Essig
- ½ Bund Petersilie, gehackt

Speck in einer beschichteten Pfanne sanft auslassen. Aus der Pfanne nehmen. Zwiebel und Suppengrün im Speckfett anbraten.

Linsen mit der Rindsuppe und den Lorbeerblättern in einen Garbehälter geben. Sollten Sie eine Speckschwarte haben, diese ebenfalls zu den Linsen geben. Zwiebel und Gemüse untermengen und bei 100 °C etwa 40 Minuten garen.

Nach etwa 20 Minuten Speck und Kasselerwürfel zum Linseneintopf geben und weitergaren. Zum Schluss Speckschwarte und Lorbeerblätter herausfischen, das Gericht mit Salz und Pfeffer und eventuell etwas Essig abschmecken und mit Petersilie bestreut servieren.

Es muss nicht unbedingt Kasseler sein, auch Mettwürste oder Wiener (Frankfurter) eignen sich für den Eintopf ganz wunderbar – vor allem an kalten Tagen.

Risi-Bisi mit Hühnerfleisch

Zutaten für 4 Portionen:

200 g Reis
1 kleine Zwiebel, in kleinen Würfeln
400 ml Hühnersuppe (oder Wasser)
400 g Hühnerfleisch, in Stücken
Salz, Pfeffer
300 g Tiefkühl-Erbsen
2 EL Parmesan, gerieben
1 Bund Petersilie, gehackt

Reis und Zwiebelwürfel mit der Suppe in einen ungelochten Garbehälter geben und für 20 Minuten bei 100 °C garen lassen.

Hühnerfleisch abspülen, mit Salz und Pfeffer würzen und in einem gelochten Behälter 15–18 Minuten zum Reis in den Dampfgarer stellen. 8 Minuten vor Ablauf der Garzeit die Erbsen unter den Reis mengen. Dann Reis und Huhn vermischen, Parmesan einrühren. Die gehackte Petersilie untermengen und alles mit Salz und Pfeffer abschmecken.

Feuerfest:
Aufläufe, Gratins, Pasta ...

Broccoli al forno

Zutaten für 4 Portionen:
400 g Broccoli, in Röschen
3 Eier
50 ml Milch
1 EL Olivenöl
250 g Parmesan, gerieben
Salz, Pfeffer

Broccoli-Röschen in einen ungelochten Garbehälter geben. In einer Schüssel Eier, Milch und Olivenöl mit einer Gabel schaumig rühren. 200 g Parmesan untermengen und alles über die Broccoli geben. Bei 100° C 20 Minuten dämpfen.

Backofen auf 180 °C Ober- und Unterhitze vorheizen. Den Garbehälter aus dem Dampfgarer nehmen, Broccoli mit Salz und Pfeffer abschmecken.

Die Masse mit dem restlichen Parmesan bestreuen und für etwa 5 Minuten im Backofen überbacken.

Rotkraut-Maroni-Gröstl mit Bratwurst

Zutaten für 4 Portionen:

½ kg Esskastanien (Maroni)
2 EL Olivenöl
1 rote Zwiebel,
in dünnen Ringen
1 TL Zucker
250 ml Rotwein
1 Rotkohl (Rotkraut), geputzt,
in Streifen
4 große Kartoffeln, geschält,
in Stücken
1 EL Butter
4 Bratwürste,
in mundgerechten Stücken
1 Schuss Weißweinessig
Salz, Kümmel, Pfeffer

Esskastanien (Maroni) mit einem scharfen Messer einschneiden und 25 Minuten bei 100 °C in einem gelochten Behälter dämpfen. Beiseitestellen, auskühlen lassen, dann schälen und in Stücke schneiden.

1 EL Öl in einer beschichteten Pfanne langsam erhitzen, Zwiebel darin glasig dünsten. Zucker einstreuen und karamellisieren lassen. Mit Rotwein ablöschen. Rotkohl in einen ungelochten Garbehälter geben, den Pfanneninhalt darübergießen und alles leicht verrühren. Im Dampfgarer bei 100 °C rund 25 Minuten garen. Etwa 10 Minuten vor Garende die Esskastanien unter den Kohl mengen und die Kartoffeln in einem gelochten Behälter ebenfalls in den Dampfgarer geben.

Dann die Kartoffeln in einer beschichteten Pfanne in 1 EL Olivenöl und Butter knusprig anbraten. Herausnehmen. Im Bratrückstand die Wurststücke scharf anbraten und kurz dünsten lassen. Kartoffeln und Rotkohl unter die Wurststücke mengen, gut umrühren und 3 Minuten unter gelegentlichem Rühren dünsten lassen. Zum Schluss mit Weißweinessig, Salz, Kümmel und Pfeffer abschmecken.

Bayrisches Knödelsoufflé mit Waldpilzragout

Zutaten für 4 Portionen:

250 g fertige Knödel, in kleinen Würfeln
100 g Speck, gewürfelt
1 TL Butter
1 rote Zwiebel
1 Bund Petersilie, gehackt
150 ml Milch
4 Eier, getrennt
Salz

Für das Ragout:

2 Schalotten, fein gewürfelt
60 g Butter
200 ml Weißwein
400 ml Crème double
200 ml Schlagsahne (Schlagobers)
Salz, Cayennepfeffer
400 g Waldpilze (oder Champignons)

Knödelwürfel in eine Schüssel geben.

Speck in einer beschichteten Pfanne kurz anrösten. Herausnehmen und beiseitestellen. Butter in der Pfanne heiß werden lassen. Zwiebel darin kurz glasig dünsten. Petersilie zufügen und alles mit Milch ablöschen. Kurz aufkochen lassen und dann über die Knödelwürfel gießen. Eigelb unterrühren. Eiweiß mit 1 Prise Salz zu steifem Schnee schlagen und vorsichtig unter die Knödelmasse heben.

4 Souffléförmchen mit Backpapier auslegen, die Masse darin verteilen. Mit Folie abdecken (Achtung, das Soufflé muss genug Platz zum Ausdehnen haben) und bei 90 °C 20 Minuten dämpfen. Kurz ruhen lassen und dann aus den Formen heben.

Währen das Soufflé im Dampfgarer gart, das Ragout zubereiten: Schalotten in etwa 20 g Butter glasig dünsten. Mit Wein auffüllen und so lange einkochen, bis die Flüssigkeit fast verdampft ist (etwa 4 Minuten). Mit Crème double und der Hälfte der Schlagsahne auffüllen und 3 Minuten leise kochen lassen. Mit Salz und Cayenne abschmecken. Die Sauce durch ein feines Sieb gießen.

Die restliche Schlagsahne steif schlagen. Pilze in der restlichen Butter kurz anbraten, salzen und dann in einem Sieb abtropfen lassen. In die Sauce geben, die geschlagene Sahne zugeben. Das Ragout kurz aufkochen lassen und eventuell nochmals nachwürzen. Gemeinsam mit dem Soufflé servieren.

Schnelle Nudeln in Tomatensauce

Zutaten für 4 Portionen:

½ kg Spaghetti
Salz

Für die Sauce:

1 Zwiebel, grob gehackt
250 g Tomaten, gewürfelt
2 Knoblauchzehen, gehackt
2 EL Hirse, gemahlen
250 ml Tomatensaft
50 ml Schlagsahne (Schlagobers)
optional: 3 Karotten, grob gerieben
Salz, Pfeffer, Koriander, Tabasco
etwas Parmesan, gerieben

Für die Sauce Zwiebel, Tomaten, Knoblauch, Hirse, Tomatensaft, Schlagsahne und geriebene Karotten in einen ungelochten Garbehälter geben. Mit den Gewürzen abschmecken.

Reichlich kaltes Wasser in einen weiteren ungelochten Behälter geben, mit 1 TL Salz mischen und die Spaghetti einlegen.

Beide Behälter zusammen bei 100 °C 8–10 Minuten garen. Die Garzeit für Nudeln variiert von Hersteller zu Hersteller – bitte halten Sie sich an die Angaben auf der Verpackung.
Sauce mit Nudeln vermischen. Mit Parmesan bestreut servieren.

Pariser Gnocchi mit Waldpilz-Obers-Sauce

Zutaten für 4 Portionen:

Für die Gnocchi:

150 g Butter
Salz
250 g Mehl
6 Eier
100 g Parmesan, gerieben
Pfeffer
etwas Muskat, frisch gerieben

Für die Sauce:

2 kleine Zwiebeln, gehackt
3 Knoblauchzehen, gehackt
etwas Butter
200 g gemischte Waldpilze
⅛ l Weißwein
250 ml Schlagsahne (Schlagobers)
Salz, Pfeffer
1 Bund Petersilie, gehackt
etwas Parmesan, gerieben

Für die Gnocchi 400 ml Wasser mit Butter und etwas Salz aufkochen. Dann die Hitze reduzieren und nach und nach Mehl einrühren – dabei so lange rühren, bis ein homogener Teig entsteht. Masse beiseitestellen. Wenn sie leicht ausgekühlt ist, Eier unter ständigem Rühren nach und nach untermengen – der Teig muss die Eier vollständig aufnehmen. Zum Schluss den geriebenen Parmesan unterrühren und mit Salz, Pfeffer und Muskat würzen.

Einen gelochten Garbehälter mit Backpapier auslegen. Mit zwei Kaffeelöffeln Gnocchi formen und diese bei 100 °C 7 Minuten garen.

Inzwischen für die Sauce in einer beschichteten Pfanne Zwiebeln und Knoblauch in der Butter glasig andünsten, dann Pilze zugeben und kurz dünsten lassen. Mit Wein ablöschen, reduzieren lassen. Dann mit Schlagsahne aufgießen, alles eindicken lassen und mit Salz, Pfeffer und Petersilie abschmecken. Backofen auf 220 °C vorheizen.

Die Gnocchi in eine feuerfeste Form geben, die Sauce darübergießen, mit etwas Parmesan bestreuen. Zugedeckt etwa 8 Minuten im Ofen backen.

Im Gegensatz zu klassischen Gnocchi aus Kartoffelteig (Rezept siehe Seite 85, Prager Sauerkraut-Gnocchi) kommen diese Gnocchi à la Parisienne (Pariser Gnocchi) ohne Kartoffeln aus. Sie sind eigentlich aus Brandteig, der mit etwas Parmesan und Muskat verfeinert wird. Übrigens gibt es auch eine römische Gnocchi-Variante: Dabei werden die Gnocchi mit Grieß in Milch oder Wasser gekocht und mit Butter, Käse und anderen Zutaten gebacken serviert.

Schnelle Spätzlepfanne

Zutaten für 4 Portionen:

2 Zucchini, in mundgerechten Stücken
2 Paprika, in mundgerechten Stücken
2 Karotten, in Scheiben
2 Zwiebeln, klein gewürfelt
200 ml Gemüsebrühe
Salz, Pfeffer
1 kg fertige Spätzle
(siehe Rezept auf Seite 38)
100 g Emmentaler, gerieben
1 Handvoll Kräuter, grob gehackt

Gemüse mit Brühe in einen ungelochten Behälter geben, leicht salzen und pfeffern. Bei 100 °C 8 Minuten garen. Die fertigen Spätzle untermengen, nochmals für etwa 4 Minuten bei 100 °C garen.

Herausnehmen, den geriebenen Käse untermengen. Mit den Kräutern garniert servieren.

Wer mag, kann dieses Gericht noch in eine feuerfeste Form füllen und bei ausreichend Oberhitze im Ofen ein paar Minuten braten, bis der Käse goldgelb geworden ist.

Ruckzuck-Schinken-Obers-Nudeln

Zutaten für 4 Portionen:

½ kg Farfalle
400 g Schinken, in Streifen oder Würfeln
300 ml Schlagsahne (Schlagobers)
500 ml Rindsuppe
Salz, Pfeffer
etwas Basilikum für die Garnitur

Alle Zutaten außer dem Basilikum in einen ungelochten Garbehälter geben und bei 100 °C etwa 15 Minuten garen – nach 7 Minuten einmal umrühren. Mit Salz und Pfeffer abschmecken. Mit Basilikum garniert servieren.

Spaghetti carbonara

Zutaten für 4 Portionen:

250 ml Schlagsahne (Schlagobers)
1 TL Mehl
2 Eier
Salz, Pfeffer
2 Knoblauchzehen, gepresst
50 g Parmesan, gerieben
100 g Speck- oder Schinkenwürfel
½ kg Spaghetti

Schlagsahne in eine große ungelochte Garschüssel geben. Mehl darin mit einem Schneebesen gut verrühren. Eier, Salz, Pfeffer, Knoblauch und Parmesan ebenfalls gut in die Masse einrühren. Zum Schluss Speckwürfel unterheben. Bei 100 °C 30 Minuten im Dampfgarer garen.

In einen ungelochten Garbehälter reichlich kaltes Wasser geben und mit 1 TL Salz vermischen.
Die Spaghetti einlegen, sie müssen mit Wasser bedeckt sein. Etwa 12 Minuten (je nach Nudelsorte kann das variieren) vor Ablauf der Garzeit der Sauce den Behälter mit den Nudeln ebenfalls in den Dampfgarer stellen.
Die fertig gekochten Spaghetti unter die Sauce mischen und servieren.

Tiroler Schlutzkrapfen

Zutaten für 4 Portionen:
125 g Roggenmehl
125 g Weizenmehl
Salz
120 g Butter
2 Eier
300 g Blattspinat
1 Zwiebel, fein gehackt
2 Knoblauchzehen, fein gehackt
½ Bund Petersilie, fein gehackt
150 g Quark (Topfen)
75 g Tiroler Bergkäse, frisch gerieben
80 g Bergkäse am Stück
Pfeffer, Muskat, frisch gerieben

Die beiden Mehlsorten mit 1 TL Salz in einer Schüssel mischen. 30 g Butter zerlassen (in einer Schüssel bei 100 °C 2 Minuten im Dampfgarer) und mit Eiern und 2 EL Wasser zum Mehl geben. Zu einem glatten, geschmeidigen Teig verkneten. Den Teig in ein Küchentuch hüllen und bei Zimmertemperatur 1 Stunde ruhen lassen.

Spinat verlesen und waschen. In einem gelochten Garbehälter bei 100 °C 2 Minuten blanchieren. Kalt abschrecken, ausdrücken und fein hacken.

1 EL Butter in einer beschichteten Pfanne zerlassen, Zwiebel und Knoblauch darin glasig dünsten. Petersilie zugeben und zusammenfallen lassen. Etwas abkühlen lassen, dann Spinat, Quark und geriebenen Käse einrühren. Mit Salz, Pfeffer und Muskat abschmecken. Den Teig auf einer bemehlten Arbeitsfläche oder in einer Nudelmaschine dünn ausrollen. Kreise mit einem Durchmesser von ca. 8 cm ausstechen. Jeweils in die Mitte 1 TL Füllung geben, die Kreise zusammenklappen und die Ränder mit einer Gabel zusammendrücken. Einen gelochten Garbehälter mit Backpapier auslegen, die Schlutzkrapfen darauf verteilen und bei 100 °C etwa 5 Minuten bissfest garen.

Einstweilen die restliche Butter in einer Pfanne zerlassen und leicht braun werden lassen. Die Schlutzkrapfen mit der Butter beträufeln, den Käse darüberhobeln.

Ravioli-Grundrezept

Zutaten für 4–6 Portionen:
- 400 g Mehl
- 100 g Weizengrieß
- 4 Eier
- Salz
- 2 EL Olivenöl

Mehl in eine große Schüssel sieben und zu einem Häufchen mit Mulde formen. Grieß und Eier in die Mulde geben. Mit 2 EL Wasser, Salz und Olivenöl zu einem glatten Teig verkneten – sollte der Teig zu fest sein, noch etwas Wasser zufügen. 30 Minuten ruhen lassen.

Teig auf einer bemehlten Arbeitsfläche möglichst dünn ausrollen, Rechtecke ausstechen oder schneiden. Auf eine Seite jedes Rechteckes 1 TL der Füllung geben, die Rechtecke in der Mitte zusammenklappen und die Ränder mit einer Gabel festdrücken.

Einen gelochten Garbehälter mit Backpapier auslegen, die Ravioli darauf verteilen und bei 100 °C etwa 3 Minuten bissfest garen.

Meine Lieblingsfüllungen

Hummerfüllung

Zutaten für 4–6 Portionen:

200 g Hummerfleisch
180 g Frischkäse
Schalenabrieb von 1 Orange
Salz, Pfeffer

Hummerfleisch mit Frischkäse fein pürieren. Das Püree mit Orangenschalen, Salz und Pfeffer abschmecken.

Kürbisfüllung

Zutaten für 4–6 Portionen:

750 g Kürbis, in Stücken
3 Frühlingszwiebeln, fein gehackt
1 Bund Petersilie, gehackt
Salz, Pfeffer
1 TL Curry
Saft und Schalenabrieb von ½ Bio-Zitrone

Kürbisstücke in einen gelochten Garbehälter geben und bei 100 °C 15 Minuten garen. Das Fruchtfleisch mit einem Löffel ablösen und mit einer Gabel gut zerdrücken. Frühlingszwiebeln und Petersilie untermengen. Mit Salz, Pfeffer, Curry und Zitronensaft und Schalenabrieb abschmecken.

Ricottafüllung

Zutaten für 4–6 Portionen:

300 g Ricotta
100 g Parmesan, frisch gerieben
1 Bund Basilikum, frisch gehackt
1 EL Walnusskerne, frisch gehackt
1 Ei
Saft und Schalenabrieb von ½ Bio-Zitrone
Salz, Pfeffer

Alle Zutaten gut vermengen und abschmecken.

Avocadofüllung

Zutaten für 4–6 Portionen:

2 reife Avocados
8 Cocktailtomaten, gehackt
1 Handvoll Selleriegrün, gehackt
Salz, Pfeffer
Saft von ½ Bio-Zitrone
4 EL gekeimte Alfalfa-Sprossen

Avocados mit einer Gabel zerdrücken. Tomaten und Selleriegrün untermengen. Mit Salz, Pfeffer und Zitrone abschmecken. Zum Schluss die Sprossen unterheben.

Gesund und gut: *vegetarische Küche*

Steirischer Linsensalat

Zutaten für 4 Portionen:

200 g Belugalinsen
200 g Puy-Linsen
700 ml Gemüsebrühe
100 g rote Linsen
1 Zwiebel, fein gewürfelt
1 roter Paprika, klein gewürfelt
1 gelber Paprika, klein gewürfelt
2 Stangen Sellerie, in feinen Ringen
200 g Steirerkas', in Stücken
1 Handvoll Kräuter, frisch gehackt

Für die Marinade:

etwas Apfelessig
etwas Kürbiskernöl
etwas Apfelmost
Salz, Pfeffer

Beluga- und Puy-Linsen mit der Gemüsebrühe in einen ungelochten Garbehälter geben und bei 100 °C 22 Minuten garen. 10 Minuten vor Ende der Garzeit die roten Linsen untermengen.

Dann die Linsen mit allen anderen Zutaten vermischen. Aus etwas Apfelessig, Kürbiskernöl, Apfelmost, Salz und Pfeffer eine Marinade bereiten und die Linsen damit abschmecken.

Topinambursalat mit Senfdressing und Sellerie

Zutaten für 4 Portionen:

½ kg Topinambur, geschält, in Scheiben
6 EL Olivenöl
4 EL Senf
Saft und Schalenabrieb von 1 Bio-Zitrone
Pfeffer
1 Bund Dill, grob gehackt
3 Stangen Sellerie, in kleinen Stücken

Topinambur in einem gelochten Garbehälter 12 Minuten bei 100 °C garen. Aus Öl, Senf, Zitrone und Pfeffer ein Dressing rühren.

Den noch warmem Topinambur mit Dressing, Dill und Sellerie vermischen und noch warm mit einem Baguette servieren.

Spargelrisotto

Zutaten für 4 Portionen:

750 g grüner Spargel
200 g Schalotten, fein gewürfelt
250 g Risottoreis
3 EL Butter
100 ml Weißwein
800 ml Gemüsebrühe
75 g Parmesan, frisch gerieben
100 ml Schlagsahne (Schlagobers)
1 Bund Petersilie oder andere Kräuter nach Geschmack, gehackt

Die holzigen Enden des Spargels entfernen. Spargel in 3 cm große Stücke schneiden, die Spitzen extra beiseitestellen. Spargelstücke (ohne Spitzen) in einen Garbehälter geben und 10 Minuten bei 100 °C garen. Schalotten, Reis, Butter, Wein und Brühe 20 Minuten in einem ungelochten Behälter bei 100 °C dämpfen. Dann Parmesan, Spargelstücke, Schlagsahne und Kräuter untermengen, gut umrühren und weitere 5 Minuten bei 100 °C garen.

Risotto herausnehmen, zudecken und ein paar Minuten ruhen lassen. Währenddessen die Spargelspitzen 3 Minuten bei 100 °C garen.
Das Risotto mit den Spitzen bestreut servieren.

Pilzrisotto

Zutaten für 4 Portionen:

400 ml Gemüsebrühe
100 ml Weißwein
320 g Risottoreis
Salz
2 kleine rote Zwiebeln, in schmalen Ringen
50 g Butter
250 g Shiitake, Steinpilze oder Champignons, mit einem Pinsel gereinigt
100 ml Schlagsahne (Schlagobers)
Pfeffer
50 g Parmesan, frisch gerieben
½ Bund Petersilie, gehackt

Brühe, Wein, Reis und etwas Salz bei 100 °C rund 15 Minuten in einem ungelochten Garbehälter garen lassen.

Inzwischen Zwiebeln in einer beschichteten Pfanne mit Butter anschwitzen. Pilze zugeben und kurz mitgaren lassen. Schlagsahne einrühren.

Die im Dampfgarer vorgegarten Zutaten ebenfalls in die Pfanne geben und alles unter gelegentlichem Rühren 4 Minuten sanft weiterköcheln lassen. Parmesan einrühren, das Risotto mit Pfeffer abschmecken und mit Petersilie bestreut servieren.

Kürbissalat mit Parmesan und Salbei

Zutaten für 4 Portionen:

600 g Kürbis
4 EL Olivenöl
Salz
3 EL Rapsöl
1 Handvoll frische Salbeiblätter
Saft von 2 Zitronen
Pfeffer, Zucker
300 g Feta, in Würfeln
1–2 Birnen, in Würfeln
2 rote Pfefferoni, entkernt, in feinen Ringen

Kürbis grob zerteilen und entkernen.
Das Kürbisfleisch mit 1 EL Olivenöl und etwas Salz einreiben. Mit der Schalenseite nach unten in einen ungelochten Garbehälter legen und bei 100 °C 30 Minuten garen.
Rapsöl in einer beschichteten Pfanne erhitzen und die Salbeiblätter darin knusprig anbraten.

Aus 3 EL Olivenöl, Zitronensaft, Salz, Pfeffer und Zucker eine Vinaigrette rühren.

Mit einem Kaffeelöffel aus dem gegarten Kürbis kleine Stücke ausstechen. Mit Feta, Birnenstücken, Pfefferoni und der Vinaigrette vermischen.
Den Salbei darüber verteilen.

Die Vinaigrette wird natürlich klassisch mit dem Schneebesen gemacht. Ich mach's mir aber meist ein wenig einfacher: Alle Zutaten in ein Gurken- oder Einweckglas geben, das Glas gut verschließen und ordentlich „shaken". Das ist praktisch, und man kann die Marinade gleich im Glas für ein paar Stunden im Kühlschrank aufbewahren.

Orientalisches Kürbiscurry

Zutaten für 4 Portionen:

- 1,5 kg Kürbis, entkernt, Fleisch in mundgerechte Stücke geschnitten
- 500 ml Gemüsebrühe
- 2 Zwiebeln, fein gewürfelt
- 2 Stangen Lauch, in feinen Ringen
- 1 Chilischote, entkernt, fein gehackt
- 3 EL Currypulver
- Salz, Pfeffer
- 1 EL Apfelessig
- 800 ml Kokosmilch
- 3 EL Gojibeeren
- 100 g Schlagsahne (Schlagobers)
- 1 Bund Petersilie, grob gehackt

Kürbisstücke mit Gemüsebrühe und Zwiebeln in einem ungelochten Garbehälter 10 Minuten bei 100 °C dämpfen. Lauch und Chili untermengen, mit Curry, Salz, Pfeffer und Essig würzen und für weitere 10 Minuten in den Dampfgarer geben. Kokosmilch, Gojibeeren und Schlagsahne unterrühren, eventuell nachwürzen.
Mit Petersilie bestreut servieren.

Karfiol mit Paprikasauce

Zutaten für 4 Portionen:

2 Bio-Zitronen
1 kleiner Blumenkohl (Karfiol)
zu etwa 700 g, in Röschen
100 ml Gemüsebrühe
2 rote Paprika, entkernt, in Streifen
2 Schalotten, in Würfeln
Salz, Pfeffer
1 TL Olivenöl
etwas Koriander

Zitronen mit heißem Wasser waschen. Abtrocknen und Schale mit dem Sparschäler in dünne Streifen schneiden. Einen ungelochten Garbehälter etwa 2 cm hoch mit Wasser füllen, Zitronenschalen hineingeben. Blumenkohl in einen gelochten Garbehälter geben.

Das Zitronenwasser im Dampfgarer unter dem Gemüse positionieren. Bei 95 °C rund 17 Minuten dämpfen.

Gemüsebrühe in einen ungelochten Behälter füllen, Paprika und Schalotten dazugeben und zeitgleich mit dem Blumenkohl 12 Minuten im Dampfgarer garen. Dann den Paprika-Schalotten-Mix mit dem Stabmixer pürieren und mit Salz, Pfeffer, Olivenöl und Koriander abschmecken.
Blumenkohl mit der Sauce vermischen und servieren.

Gedämpfte Paprika mit vegetarischer Füllung

Zutaten für 4 Portionen:
4 große Paprikaschoten,
den Deckel abgeschnitten
und entkernt

Für die Füllung:
300 g Bulgur
2 Eier
1 kleine Pfefferschote, entkernt,
fein gewürfelt
1 Handvoll Basilikumblätter, gehackt
1 Bund Schnittlauch, in Röllchen
60 g Parmesan, fein gerieben
50 g Gojibeeren
4 Frühlingszwiebeln, in feinen Ringen
etwas Petersilie, gehackt
Salz, Pfeffer

Bulgur für die Füllung abspülen und mit 600 ml Wasser (oder Gemüsebrühe) in einen ungelochten Behälter geben. Bei 100 °C etwa 30 Minuten garen, dann auskühlen lassen.

Eier verquirlen. Alle Zutaten für die Füllung vermischen, mit Salz und Pfeffer würzen.

Paprika mit der Bulgurmischung füllen und mit der Öffnung nach oben in einem gelochten Dampfeinsatz bei 100 °C 20 Minuten garen.

Tipp: Zu diesem Gericht passt eine Tomatensauce sehr gut (Rezepte siehe Seite 108, Gefüllte Paprika).

Reis-Kräuter-Soufflé

Zutaten für 4 Portionen:

300 g Reis
600 ml Gemüsebrühe
3 Karotten, fein geraspelt
4–5 EL Tiefkühl-Erbsen
3 EL Kräuter nach Wahl, frisch gehackt
einige Spinatblätter, frisch gehackt
1 Ei, getrennt
Salz
etwas Butter

Reis in einen ungelochten Garbehälter geben, mit Gemüsebrühe übergießen und 20 Minuten bei 100 °C dämpfen lassen.

Karotten, Erbsen, Kräuter und Spinatblätter mit Eigelb vermengen und unter den Reis mischen. Salzen und pfeffern.

Eiweiß mit 1 Prise Salz zu steifem Schnee schlagen und vorsichtig unter die Reismasse heben. Die Souffléförmchen mit wenig Butter ausfetten und die Reismasse darin verteilen. Die Förmchen in den Dampfgarer stellen und bei 100 °C 35 Minuten dämpfen lassen.
Mit grünem Salat servieren.

Ratatouille

Zutaten für 4 Portionen:

250 g Zucchini, in mundgerechten Stücken
1 kleine Aubergine, in mundgerechten Stücken
400 g Tomaten, in mundgerechten Stücken
2 kleine Zwiebeln, klein gewürfelt
je 1 rote und gelbe Paprikaschote, in Würfeln
2 Knoblauchzehen, gehackt
1–2 Zweige Rosmarin, die Nadel fein gehackt
4 EL Olivenöl
2 EL Tomatenmark
100 ml Gemüsebrühe
2 Stiele Basilikum, Blätter fein gehackt *
3 Stiele Thymian, Blätter fein gehackt *
3 Stiele Oregano, Blätter fein gehackt*
 * jeweils ein paar Blätter zum Garnieren beiseitelegen
Salz, Pfeffer

Für die Beilage:

200 g Basmatireis
Salz

Alle Zutaten für die Ratatouille außer den Kräutern zum Garnieren in einen ungelochten Garbehälter geben und gut verrühren. Reis mit 1 TL Salz und 220 ml Wasser ebenfalls in einen geschlossenen Garbehälter füllen.

Beide Behälter in den Dampfgarer geben und rund 18 Minuten bei 100 °C dämpfen. Es könnte sein, dass der Reis noch einige Minuten länger dämpfen muss, die Garzeiten der einzelnen Sorten sind unterschiedlich (siehe auch Aufstellung auf Seite 108).

Zum Schluss die Ratatouille nochmals mit Salz und Pfeffer abschmecken und mit den Kräutern bestreuen. Gemeinsam mit dem Reis servieren.

Ursprünglich war eine Ratatouille ein Arme-Leute-Essen, für das übrig gebliebenes Gemüse verarbeitet wurde. Daher auch der Name: Im Provenzalischen steht das Wort „Ratatolha" für Resteessen. Doch auch heute ist dieser französische Gemüsetopf eine wunderbare Resteverwertung – denn eigentlich kann man hier fast jedes Gemüse untermengen.

Schnelles Omelett

Zutaten für 2 Portionen:

4 Eier
2 Schluck Milch
Salz, Pfeffer
2 Frühlingszwiebeln, in Ringen
6 Cocktailtomaten, geviertelt
1 Handvoll Kräuter nach Wahl, gehackt

Je zwei Eier in einer kleinen Schüssel gut verquirlen, mit je 1 Schluck Milch verlängern und mit Salz und Pfeffer würzen. 2 Edelstahlschüsseln mit Backpapier auslegen, die Eimasse einfüllen (nicht höher als 1 cm). Zwiebeln und Tomaten in einen ungelochten Garbehälter füllen. Alle 3 Behälter für etwa 10 Minuten bei 90 °C in den Dampfgarer geben.

Eieromeletts auf Teller stürzen, das Gemüse darauf verteilen und die Omeletts umklappen.

Tipp: Ich fülle diese Omeletts eigentlich immer mit allen möglichen Resten aus der Gemüselade – da sind der Fantasie keine Grenzen gesetzt.

Ich habe mir für diese Omeletts extra zwei kleine runde Edelstahlschüsseln gekauft, die Zubereitung klappt aber natürlich auch mit den gängigen rechteckigen Behältern – die Omeletts werden dann halt eckig.
Übrigens:
Auch klassische (Frühstücks-)Eier gelingen im Dampfgarer gut und einfach.

Auf dem Punkt: weiches oder hartes Ei

Das Ei einfach in den gelochten Behälter geben und bei 100 °C garen:

- **weiches Tunk-Ei: 4 Minuten**
- **kernweiches Ei: 6 Minuten**
- **hartes Ei: 8 Minuten**

Die Eier unbedingt mit kaltem Wasser abschrecken, damit sie nicht nachgaren.

Pochiertes Ei

Ein kleines Förmchen ausbuttern. Das Ei aufschlagen und hineingleiten lassen. 3–4 Minuten bei 100 °C dämpfen. Mit Salz und Pfeffer würzen und mit Schnittlauch bestreuen.

Eine runde Sache: Knödel und mehr

Leberknödel – als Suppeneinlage

Zutaten für 8 Knödel:

⅛ l Milch
50 g altbackenes Weißbrot, klein gewürfelt
1 kleine Zwiebel, klein gewürfelt
1 Knoblauchzehe, klein gewürfelt
2 EL Butter
150 g Rindsleber, klein gewürfelt
1 Ei
40 g Paniermehl (Semmelbrösel)
½ TL getrockneter Majoran
1 Bund Petersilie, gehackt
Salz, Pfeffer

Milch warm machen, Weißbrotwürfel damit übergießen und etwa 10 Minuten ziehen lassen. Zwiebel und Knoblauch in zerlassener Butter glasig anrösten. Brot gut ausdrücken und zusammen mit der Leber sowie der Zwiebelröstung fein faschieren oder im Mixer pürieren. Ei, Paniermehl, Majoran und Petersilie mit der Lebermasse gut vermengen. Mit Salz und Pfeffer kräftig abschmecken und etwa ½ Stunde kalt stellen. Mit feuchteten Händen aus der Masse kleine Knödel formen und diese bei 100 °C etwa 18 Minuten dämpfen.

In Salzburg und auch im Innviertel gelten gebackene Leberknödel als regionale Spezialität. Dafür wird die Leberknödelmasse laut Grundrezept zubereitet, dann werden Knödel geformt und anschließend in Mehl, verquirlten Eiern und Semmelbröseln paniert, in heißem Fett (traditionell in Schmalz) ausgebacken und mit Sauerkraut oder Salat als Hauptspeise gegessen.

Kartoffelknödel-Grundrezept

Zutaten für 8 Knödel:

1 kg mehlige Kartoffeln, geschält, in Stücken
80 g Mehl
160 g Speisestärke
2 Eier
Salz

Kartoffeln in einen gelochten Behälter geben und bei 100 °C 25 Minuten garen. Noch heiß durch eine Kartoffelpresse drücken. Die Masse etwas abkühlen lassen. Dann alle übrigen Zutaten gut mit der Masse vermengen. Mit feuchten Händen Knödel formen.

Einen gelochten Behälter mit Backpapier auslegen, die Knödel darin verteilen und bei 100 °C 20 Minuten garen.

Ob mit Grammeln, Speck oder einfach mit übrig gebliebenem Fleisch (Kasseler, Geselchtes) – diese Knödel lassen sich beliebig füllen. Richtig gut schmecken sie auch mit Spinat und Feta. Für süße Knödel allerdings ist dieses Grundrezept, wie ich finde, nicht so geeignet, denn dann sollten andere Gewürze zum Teig. Rezepte für süße Knödel finden Sie ab Seite 149.

Tiroler Spinatknödel

Zutaten für 4 Portionen:

125 ml Milch
250 g Semmelwürfel
Salz
2 Eier
50 g Bergkäse, gerieben
250 g Spinat, passiert
80 g Butter
1 mittelgroße Zwiebel, fein gehackt
2 Knoblauchzehen
etwas Parmesan, gerieben
1 Bund Schnittlauch, in Röllchen

Milch erwärmen. Semmelwürfel mit Milch übergießen und salzen. Eier verquirlen und zur Masse geben. Käse zugeben und die Masse leicht durchkneten. Etwas ziehen lassen. Nach 10 Minuten den Spinat zugeben. Die Masse wieder leicht durchkneten.

Zwiebel in etwa 30 g Butter anschwitzen, Knoblauch zugeben. Zur Knödelmasse geben, kurz untermengen und alles ½ Stunde rasten lassen. Der Teig sollte sich gut kneten lassen – wenn er zu hart ist, etwas Milch zugeben, wenn er zu trocken ist, ein weiteres Ei untermengen, wenn er zu weich ist, noch einige Semmelwürfel unterrühren.

Mit feuchten Händen Knödel formen, diese in einen gelochten Garbehälter geben. Bei 90 °C rund 30 Minuten garen.
Die restliche Butter schmelzen und leicht bräunen lassen. Knödel mit Butter, Parmesan und Schnittlauch garnieren.

Bei meiner Oma waren Knödel die beste Resteverwertung. Auch ich verwende dafür fast alles, was in der Küche übrig geblieben ist, etwa hart gewordenes Brot (von Baguette bis Vollkornbrot) oder Käsereste. Ich mische sogar Kartoffeln unter die Knödelmasse oder nehme statt des Spinats anderes Gemüse (zum Beispiel Rote Beten!). Bisher haben – fast – alle meine Versuche wunderbar geschmeckt.

Südtiroler Kasknödel

Zutaten für 4 Portionen à 4 Knödel:

2 Zwiebeln, fein gewürfelt
1 EL Butter
350 g Semmelwürfel
250 g Südtiroler Bergkäse, gewürfelt
Salz, Pfeffer
1 Bund Schnittlauch, in Röllchen
4 Eier
200 ml Milch
100 g Butter
100 g Parmesan, frisch gerieben

Zwiebeln in der Butter glasig andünsten. Semmelwürfel mit Zwiebeln, Käsewürfeln, Salz, Pfeffer und Schnittlauch vermengen. Eier mit der Milch verrühren und nach und nach mit den Semmelwürfeln vermengen, bis eine teigige Masse entsteht. Mit feuchten Händen Knödel formen und bei 100 °C 15 Minuten im Dampfgarer garen lassen.
Die Butter schmelzen lassen. Die Knödel mit Parmesan bestreut und mit Butter übergossen servieren.

Semmelknödel

Zutaten für ca. 8 Knödel:

250 g Semmelwürfel
70 g Butter
2 Eier
300 ml Milch
½ Bund Petersilie
1 Zwiebel, fein gewürfelt
Salz

Alle Zutaten gut miteinander vermischen. Es soll eine homogene Masse sein, die man zu Knödeln formen kann – bei Bedarf noch ein wenig Milch zugeben. Den Teig etwa 1 Stunde ruhen lassen.

Mit feuchten Händen gleich große Knödel formen. In den gelochten Garbehälter geben und 22 Minuten bei 100 °C garen.

Ich bereite Knödel immer auf Vorrat zu. Sie lassen sich wunderbar einfrieren (und später im Dampfgarer auftauen) – geröstete Knödel sind ein beliebtes „Rest'l-Essen" in meiner Familie.

Tipp: **Soll's herzhafter sein, gewürfelten Speck oder Schinken unter die Knödelmasse mengen.**

Kärntner Kasnudeln mit Erdäpfel- und Breinfüllung

Zutaten für 4–6 Portionen:

Für den Teig:
250 g glattes Mehl
1 TL Salz
1 Ei
6–8 EL Wasser oder Milch

Für die Erdäpfelfüllung:
½ kg Kartoffeln, geschält, in Stücken
½ kg bröseliger Quark (Bröseltopfen)
50 g Butter
50 g Lauch, fein gehackt
1 Knoblauchzehe, fein gehackt
1 TL Salz
etwas Minze, Kerbel und Majoran, gehackt

Für die Breinfüllung:
200 g Hirse („Brein")
1 TL Salz
½ kg Quark (Topfen)
etwas Minze, Kerbel und Majoran, gehackt

etwas Schnittlauch für die Garnitur, in Röllchen

Mehl, Salz, Ei und Flüssigkeit in einer Schüssel gut vermischen und zu einem glatten, nicht zu festen Teig verkneten (das kann dauern!). Den Teig mindestens 1 Stunde oder besser über Nacht zugedeckt rasten lassen.

Kartoffeln für die Erdäpfelfüllung in einen gelochten Behälter geben und bei 100 °C 25 Minuten garen. Möglichst heiß durch die Kartoffelpresse drücken. Die Kartoffelmasse mit Quark vermengen. Butter erhitzen, Lauch und Knoblauch kurz andünsten. Alle Zutaten vermischen und gut durchkneten. Mit einem Löffel kleine Kugeln formen. Kugeln beiseitestellen.

Hirse für die Breinfüllung gut waschen und mit 750 ml Wasser und Salz in einem ungelochten Garbhälter bei 100 °C 15 Minuten kernig weich kochen. Hirse mit Quark und Kräutern gut vermengen. Kleine Kugeln formen und beiseitestellen.

Den Nudelteig auf einer bemehlten Fläche dünn auswalken und mit einem runden Ausstecher (oder einem Glas) Scheiben mit etwas 10 cm Durchmesser ausstechen.
Jeweils 1 Erdäpfel- oder Breinkugel auf eine Seite der Scheibe legen, die Scheibe darüber zusammenklappen. Die Ränder gut mit den Fingern zusammendrücken. Es sollte keine Luft in den Nudeln sein.
Die Kasnudeln in einem gelochten Behälter bei 100 °C 10 Minuten dämpfen.
Mit Schnittlauch garniert servieren.

Krautrouladen auf Wiener Art

Zutaten für 4 Portionen:

1 altbackenes Brötchen (Semmel)
1 Zwiebel, fein gehackt
etwas Butter
600 g Hackfleisch (Faschiertes), am besten 2 Teile Rind, 1 Teil Schwein
1 Ei
2 Knoblauchzehen, fein gehackt
½ Bund Petersilie, gehackt
Salz, Pfeffer
1 Weißkohl (Weißkraut)
etwas Kümmel
8 Scheiben Frühstücksspeck
150 ml Gemüsebrühe
200 ml saure Sahne (Sauerrahm)

Brötchen in Wasser (oder Milch) einweichen, ausdrücken und durch ein Sieb passieren. Zwiebel in etwas Butter glasig dünsten. Hackfleisch mit dem passierten Brötchen, Ei, Zwiebel und Knoblauch vermischen, mit Petersilie, Salz und Pfeffer würzen.

Vom Weißkohl 8 schöne, große Blätter ablösen. In einem gelochten Garbehälter 2 Minuten bei 90 °C blanchieren, mit kaltem Wasser abschrecken und auf einem Tuch trocknen lassen. Die großen Rippen wegschneiden. Hackfleischmischung auf die Mitte der Kohlblätter verteilen, diese einmal einrollen, die Enden der Kohlblätter umbiegen, weiterrollen.

Den restlichen Kohl in feine Streifen schneiden und in einen ungelochten Garbehälter geben. Salzen und mit etwas Kümmel würzen. Darauf die Rouladen legen und den Speck darüber verteilen. Brühe zugießen und im Dampfgarer bei 100 °C 15 Minuten garen.

Saure Sahne mit dem Schneebesen aufrühren, über die Rouladen gießen und diese weitere 5 Minuten garen. Vor dem Servieren mit Salz und Pfeffer abschmecken.

Ich verwende statt oder neben der Semmel auch oft und gerne übrig gebliebenen Reis. Das schmeckt sehr gut und ist eine einfache Resteverwertung.

Prager Sauerkraut-Gnocchi

Zutaten für 4–6 Portionen:

600 g mehlige Kartoffeln, geschält, in Stücken
50 g Mehl
50 g Hartweizengrieß
1 Eigelb
1 TL Salz
1 Pkg Sauerkraut
200 g Speckwürfel

Kartoffeln in einem gelochten Garbehälter bei 100 °C 18 Minuten weich garen. Noch heiß durch eine Kartoffelpresse drücken. Mit Mehl, Grieß, Eigelb und Salz zu einem Teig verkneten. Kurz rasten lassen.

Den Teig zu einer Rolle formen und etwa 30 Gnocchi abschneiden. Mit einer Gabel auf einer Schnittseite etwas flach drücken. Einen gelochten Garbehälter mit Backpapier auslegen und die Gnocchi einlegen. Sauerkraut in einen ungelochten Behälter geben. Beides gemeinsam bei 100 °C 10 Minuten garen lassen.

In der Zwischenzeit Speckwürfel in einer hohen beschichteten Pfanne anrösten. Gnocchi und Sauerkraut abtropfen lassen und zum Speck geben. Ein paar Minuten unter Rühren andünsten.

Königsberger Klopse mit Sellerie-Pastinaken-Püree

Zutaten für 4 Portionen:
½ kg gemischtes Hackfleisch (Faschiertes)
1 Zwiebel, fein gehackt
2 EL scharfer Senf
2 EL Mineralwasser
6 EL Paniermehl (Semmelbrösel)
Salz, Pfeffer, Muskat

Für die Sauce:
700 ml Rindsuppe
2 TL Speisestärke
125 ml Schlagsahne (Schlagobers)
Salz, Pfeffer
etwas Zucker
Muskat, frisch gerieben
2 EL eingelegte Kapern

Für das Püree:
600 g Sellerie, geschält, in Stücken
200 g Pastinaken, geschält, in Stücken
Salz, Pfeffer
Muskat, frisch gerieben

Sellerie- und Pastinakenstücke für das Püree in einen gelochten Garbehälter geben. Hackfleisch mit Zwiebel, Senf, Mineralwasser, Paniermehl und Gewürzen gut vermischen. Mit angefeuchteten Händen etwa 12 kleine Klopse formen und diese gleichmäßig in einem gelochten Garbehälter verteilen. Die Rindsuppe in einem Garbehälter unter den Klopsen positionieren und alles gemeinsam 20 Minuten bei 100 °C garen. Die fertigen Klopse im Dampfgarer warm halten.

Pastinaken und Sellerie mit dem Stabmixer pürieren und mit Salz, Pfeffer und Muskat abschmecken.

Für die Sauce die Rindsuppe in einen Topf füllen und aufkochen lassen. Speisestärke in 2 EL kaltem Wasser und 1 EL Schlagsahne auflösen. Diese Flüssigkeit in die kochende Rindsuppe einrühren. Dann nach und nach die restliche Schlagsahne hinzufügen, mit Salz, Pfeffer, etwas Zucker und Muskat abschmecken. Zum Schluss noch die Kapern mitsamt dem Essigwasser hinzufügen. Die Klopse mit der Sauce und dem Püree servieren.

Dim Sum

Zutaten für 20 Teigtaschen:

250 g Mehl
Salz
Backpapier oder dicker Chinakohl, Pak Choi bzw. andere Blätter

Mehl und Salz mit 125 ml Wasser zu einem glatten Teig verkneten. Teig zu einer Kugel formen und zugedeckt 30 Minuten ruhen lassen.

Dann in 20 Portionen teilen und diese zu Kugeln formen. Die Teigkugeln auf einer bemehlten Arbeitsfläche sehr dünn kreisförmig ausrollen. Die Kreise sollten einen Durchmesser von mindestens 10 cm haben.

Etwa 1–2 TL der jeweiligen Füllung mittig auf die Kreise geben, den Teig darüber zusammenschlagen und zu kleinen Beuteln drehen.

Die gelochten Garbehälter mit Backpapier oder Blättern auslegen, die Teigtaschen nicht zu nahe nebeneinander darauf platzieren. Bei 100 °C etwa 20–30 Minuten garen.

Ich mag diese Teigtaschen besonders gerne, weil sie einfach zu machen, aber unglaublich variantenreich sind. Denn Dim Sum sind zwar Klassiker aus der kantonesischen Küche, aber eigentlich werden sie auf der ganzen Welt mit den unterschiedlichsten Füllungen angeboten. Wenn's besonders schnell gehen soll, kaufe ich fertige Wan-Tan-Blätter im Asialaden und mache nur die Füllung selbst – diese fertigen Blätter müssen auch nicht so lange gegart werden. Übrigens: Ich weiß nicht, ob es wirklich stimmt, aber ein Wiener Koch hat mir einmal erzählt, dass Dim Sum frei übersetzt „der Geschmack, der das Herz berührt" heißt.

Meine drei Lieblingsfüllungen

Garnelenfüllung

10 Garnelen, roh, ohne Schale,
ohne Kopf, ohne Darm, fein gewürfelt
4 cm Ingwer, geschält, fein gewürfelt
½ rote Chilischote, fein gewürfelt
2 Frühlingszwiebeln, in dünnen Röllchen
4 Stiele Koriander, Blätter fein gehackt
2 EL Sojasauce

Alle Zutaten mischen und die Teigblätter damit füllen.

Fleischfüllung

150 g Hackfleisch (Faschiertes)
1 TL Chilipasta
10 cm Lauch, fein geschnitten
4 Champignons, fein geschnitten
2 EL Sojasauce
Salz, Pfeffer

Alle Zutaten mischen und die Teigblätter damit füllen.

Karottenfüllung

2 Karotten, in feinen Streifen
10 cm Lauch, in feinen Ringen
½ Zucchini, in feinen Streifen
1–2 Knoblauchzehen, gepresst
4 TL Radieschensprossen, gekeimt
2 EL Frischkäse
Salz, Pfeffer

Alle Zutaten mischen und die Teigblätter damit füllen.

Gedämpfte Brötchen mit Chicorée

Zutaten für 4 Portionen als Vorspeise:

Für den Teig:

20 g Hefe (Germ)
125 ml lauwarmes Wasser
1 Prise Zucker
200 g Weizenmehl
20 g Butter

Für die Füllung:

2 EL Rapsöl
1 cm Ingwer, fein gehackt
1 cm Kurkuma, fein gehackt
1 Knoblauchzehe, fein gehackt
1 Karotte, fein gehackt
3 kleine Chicorée, fein gehackt
1 Lauch, in feinen Ringen
1 EL Sesamöl
etwas Chilisauce

Alle Teigzutaten miteinander verkneten und zugedeckt an einem warmen Ort gehen lassen. Für die Füllung Rapsöl in einem Wok erhitzen. Ingwer, Kurkuma und Knoblauch darin etwa 1 Minute andünsten. Das gehackte Gemüse zugeben: Erst die Karotten 1 Minute andünsten lassen, dann Chicorée und Lauch einrühren und alles 1 weitere Minute andünsten lassen. Vom Herd nehmen und auskühlen lassen. Mit Sesamöl und Chilisauce abschmecken.

Den Teig erneut durchkneten und in 16 gleich große Stücke teilen. Aus jedem Stück einen Kreis von ca. 7 cm Durchmesser formen. In jeden Kreis 2 TL der Füllung setzen. Die Ränder darüber zu einem Päckchen verschließen. Einen ungelochten Garbehälter mit Backpapier auslegen, die Päckchen mit etwas Abstand darin verteilen.
Bei 100 °C 25–30 Minuten garen.

**Diese „Bao Buns“ genannten Brötchen sind sozusagen asiatische Hamburger – und ebenfalls eine wunderbare Resteverwertung.
Ich fülle sie nicht nur mit Gemüse, sondern sehr gerne auch mit Hühnerfleisch oder Faschiertem.**

Leichter Genuss: Fisch aus dem Dampf

Bouillabaisse

Zutaten für 4 Portionen:

Für den Gewürzfond:

4 Zweige Thymian
300 ml Weißwein
1 TL Safranfäden
1 EL Tomatenmark
1 TL edelsüßes Paprikapulver
1 TL Kurkuma
Schalenabrieb von 1 Zitrone

Für den Eintopf:

1 EL Olivenöl
4 Knoblauchzehen, klein gehackt
2 Zwiebeln, klein gehackt
800 ml Fischfond
1 Fenchelknolle, klein gewürfelt
100 g Champignons, geviertelt
4 Tomaten, klein gewürfelt
1 große mehlige Kartoffel, geschält, gerieben
6 Riesengarnelen
400 g Fischfilets nach Wahl
8–10 Miesmuscheln, geputzt und sortiert
Salz, grüner und schwarzer Pfeffer

Für den Gewürzfond Thymian mit Weißwein, Safran, Tomatenmark, Gewürzen und Zitronenschalenabrieb in einem Topf aufkochen und 5 Minuten köcheln lassen. Öl für den Eintopf erhitzen, Knoblauch und Zwiebeln darin andünsten. Mit Fischfond ablöschen, Gewürzfond durch ein Sieb zugeben. Alles in einen ungelochten Behälter füllen.

Fenchel, Champignons, Tomaten und Kartoffeln ebenfalls in den Behälter geben und alles bei 100 °C 20 Minuten garen.

Mit dem Stabmixer pürieren und die Suppe durch ein Sieb streichen. Garnelen, Fischfilets und Muscheln in die Suppe geben und nochmals bei 100 °C 8 Minuten garen. Mit Salz und Pfeffer abschmecken.

Forelle blau

Zutaten für 4 Portionen:

4 küchenfertige Forellen
100 g Wurzelwerk, in feinen Streifen
1 Zwiebel, in Ringen
1 Fenchel, in feinen Streifen
1 Bund Dill, gehackt
1 Zitrone, in Scheiben
450 ml Weißwein
100 ml weißer Balsamicoessig
3 Lorbeerblätter
2 TL Pfefferkörner
etwas Butter
einige Zitronenscheiben zum Garnieren

Forellen in einen ungelochten Garbehälter legen. Gemüse, Dill und Zitronenscheiben über die Forellen geben. Weißwein und Essig in den Behälter füllen, Lorbeerblätter und Pfefferkörner ebenfalls einlegen. Bei 90 °C 14–17 Minuten dämpfen.

Butter mit etwa der gleichen Menge Garsud erhitzen und kurz vor dem Servieren über die Forellen gießen. Mit Zitronenscheiben anrichten. Dazu passen Kartoffeln oder Reis.

Lachsfilet mit Safranrisotto

Zutaten für 4 Portionen:

1 Zitrone
4 frische Lachsfilets
2 EL Butter
2 cm Ingwer, frisch gerieben
Salz, Pfeffer

Für das Risotto:

300 g Risottoreis
2 Zwiebeln, gewürfelt
100 ml Weißwein
500 ml Gemüsebrühe
3 EL Butter
3 EL Parmesan

Zitrone für den Lachs in dünne Scheiben schneiden und die gelochten Garbehälter damit auslegen. Lachsfilets auf die Zitronen geben. Butter darauf verteilen, mit Ingwer bestreuen. Salzen und pfeffern.

Alle Zutaten für das Risotto außer dem Parmesan in einen ungelochten Behälter geben und gut vermengen. Bei 100 °C 30 Minuten garen, nach etwa 15 Minuten einmal kräftig durchmengen. Nach 30 Minuten den Dampfgarer auf 80 °C drosseln. Lachs in den Dampfgarer schieben, das Risotto nochmals kurz umrühren, Parmesan untermischen. Lachs und Risotto 11 Minuten bei 80 °C garen lassen. Lachs mit dem Risotto servieren.

Dorade in Mangold mit Salzkartoffeln

Zutaten für 4 Portionen:

ca. 700 g Mangold
4 Doradenfilets
Saft von 2 Zitronen
Salz
½ kg festkochende Kartoffeln, geschält
2 EL Olivenöl
400 g Cocktailtomaten, halbiert
Pfeffer
1 Prise Zucker
etwas Chili
4 EL Tomatenmark
350 ml Gemüsebrühe

Mangoldblätter auflegen und die Stiele herausschneiden. Stiele in Streifen schneiden. 1 l Wasser im Teekocher erhitzen, Mangoldblätter damit kurz blanchieren, mit kaltem Wasser abschrecken und trocken tupfen. Doradenfilets mit Zitronensaft beträufeln und salzen. Kartoffeln in einen gelochten Garbehälter geben und bei 100 °C etwa 10 Minuten garen.

Aus jeweils 2–3 Mangoldblättern ein „Blatt" formen, Fischfilets in die Mitte setzen. Die Blätter darumlegen, einschlagen und Päckchen formen. Fischpäckchen in einen gelochten Garbehälter geben, zu den Kartoffeln in den Dampfgarer stellen und alles gemeinsam bei 90 °C weitere 11–15 Minuten garen lassen.

Einstweilen die Mangold-Stielstreifen in einer beschichteten Pfanne in etwas Öl andünsten. Tomaten beifügen, weitere 3 Minuten garen lassen. Salzen, pfeffern, zuckern und mit Chili würzen. Tomatenmark und Gemüsebrühe (oder alternativ Wasser) beifügen. Umrühren, einmal aufkochen lassen.
Die Doradenpäckchen mit den Kartoffeln und der Tomatensauce servieren.

Zander mit Grünkernrisotto

Zutaten für 4 Portionen:
4 Zanderfilets
Saft von 1 Zitrone
Salz, Pfeffer
1 EL Olivenöl

Für das Risotto:
2 EL Olivenöl
1 Schalotte, fein gehackt
1 Knoblauchzehe, gehackt
70 g Suppengrün
(Karotte, Sellerie, Lauch etc.),
fein gehackt
300 ml Gemüsebrühe
1 Lorbeerblatt
2 Gewürznelken
200 g Grünkern
30 g Butter
1 EL Petersilie, gehackt
1 EL Schnittlauch, gehackt
Salz, Pfeffer

Olivenöl, Schalotte, Knoblauch, Suppengrün, Brühe, Lorbeer und Gewürznelken in einen ungelochten Garbehälter geben und bei 100 °C 3 Minuten aufkochen. Grünkern einrühren und weitere 35 Minuten garen. Zwischendurch ein paar Mal kräftig umrühren. Butter, Petersilie und Schnittlauch unterrühren und mit Salz und Pfeffer abschmecken. Kurz beiseitestellen.

Zander mit Zitronensaft beträufeln, salzen und etwas pfeffern. In einen ungelochten Garbehälter geben, mit Olivenöl beträufeln und 10 Minuten bei 85 °C dämpfen. Das Grünkernrisotto zum Fisch in den Dampfgarer stellen. Alles 10 Minuten garen.
Zander mit Risotto servieren.

Schollenröllchen mit Lachsfüllung

Zutaten für 4 Portionen:

8 Schollenfilets
Saft von 1 Zitrone
1 Zitrone, in dünnen Scheiben
Salz, Pfeffer
250 g Lachsfilet
1 Eiweiß
150 g Schlagsahne (Schlagobers)
2 EL Dill, gehackt

Schollenfilets längs halbieren, mit Zitronensaft beträufeln und mit Salz und Pfeffer würzen. Lachsfilet mit Eiweiß, Schlagsahne, Salz und Pfeffer mit dem Stabmixer möglichst fein pürieren.

Lachsmasse auf die Schollenfilets streichen und diese am besten von der Schwanzseite her aufrollen. Mit einem Zahnstocher fixieren. Einen gelochten Garbehälter mit Zitronenscheiben auslegen, die Röllchen daraufgeben und bei 80 °C 18 Minuten garen lassen. Mit Dill garniert servieren.
Dazu passen am besten Reis und eine feine Sauce aus saurer Sahne.

Fischspieße mit Artischocken

Zutaten für 4 Portionen:

4 große Artischocken
1 Bio-Zitrone, halbiert
600 g Seeteufel
(alternativ Lachs und/oder Kabeljau)
Salz, Pfeffer
4 Zitronengrashalme
(oder Rosmarinzweige)
2 EL Olivenöl
4 Knoblauchzehen, gepresst

Artischockenstiele abbrechen, sodass die am Boden der Artischocken befindlichen Fäden ebenfalls herausgezogen werden. Das obere Drittel der Artischocken gerade abschneiden. Die äußeren harten Blätter und die dunklen um den Boden entfernen. Die Schnittflächen mit der halbierten Zitrone einreiben. Artischocken in einen gelochten Garbehälter geben und 40 Minuten bei 100 °C dämpfen – die äußeren Blätter sollten sich mit leichtem Zug einfach aus der Artischocke lösen lassen (wenn nicht, dann weitere 5 Minuten dämpfen).

Halbierte Zitronen auspressen. Schale abreiben. Fische in mundgerechte Stücke schneiden, mit etwas Zitronensaft beträufeln, salzen und pfeffern und auf das Zitronengras stecken. Im gelochten Garbehälter 10 Minuten bei 85 °C dämpfen.

Einstweilen Öl mit Knoblauch, Zitronenschalen und etwas Zitronensaft aromatisieren und über die Artischocken träufeln.
Artischocken mit den Fischspießen servieren.

Borschtsch mit Fisch

Zutaten für 4 Portionen:

270 g Kartoffeln, geschält, gewürfelt
½ kleiner Weißkohl (Weißkraut), in feinen Streifen
3 kleine Rote Beten (Rote Rüben), geschält, gewürfelt
5 Tomaten, in Würfeln
2 rote Pfefferoni, in Ringen
1 Pkg. Suppengrün, gewürfelt
2 Knoblauchzehen, zerdrückt
einige Pimentkörner
2 Lorbeerblätter
1 Handvoll Dill, gehackt
Salz, Pfeffer, etwas Zucker
800 ml Gemüsebrühe
1 EL Tomatenmark
Saft von 1 Zitrone
4 Rotbarschfilets à 100 g
100 ml saure Sahne (Sauerrahm)

Kartoffeln und Gemüse mit Gewürzen und Kräutern, Brühe, Tomatenmark und Zitronensaft in einen ungelochten Garbehälter geben. Bei 100 °C etwa 30 Minuten garen. 8 Minuten vor Ende der Garzeit den Fisch ebenfalls in den Garbehälter legen. Borschtsch mit 1 Klecks saurer Sahne pro Portion servieren.

Zu diesem Gericht mache ich immer einen Salat aus den Blättern der Roten Bete (Roten Rübe). Das ist nicht nur sehr gesund, sondern schmeckt – besonders mit einer klassischen Vinaigrette – sehr gut.

Cozze alla marinara

Zutaten für 4 Portionen als Vorspeise:

2 kg Muscheln
Salz
3 Stangen Staudensellerie, in Scheiben
2 Stangen Lauch, in Scheiben
4–8 Knoblauchzehen, grob gehackt
2 Bio-Zitronen, geviertelt,
und ½ Bio-Zitrone, in Spalten
250 ml Weißwein
etwas Petersilie, gehackt

Muscheln in gesalzenem Wasser waschen, gegebenenfalls sauber bürsten und aussortieren.
In einen gelochten Garbehälter geben.
Gemüse, Knoblauch und Zitronenviertel in einen ungelochten Garbehälter geben. Mit Weißwein übergießen. Bei 100 °C 5 Minuten im unteren Bereich des Dampfgarer garen.

Danach den gelochten Behälter mit den Muscheln direkt über das Gemüse schieben und nochmals alles bei 100 °C 10 Minuten garen.
Muscheln in eine Schüssel geben, mit Petersilie und Zitronenspalten garnieren und mit dem Gemüse servieren.

Garnelencurry

Zutaten für 4 Portionen:

25 g Nori-Algen
4 EL Kokosöl
2 TL Curry
500 ml Kokosmilch
Salz, Pfeffer
Saft von 1 Limette
½ kg Garnelen
1 Zucchini, in Stücken
3 rote Chilis, in Streifen
1 Stange Lauch, in Ringen
3 Scheiben Ananas aus der Dose, ohne Zucker

Nori-Algen 10 Minuten in kaltem Wasser einweichen. Kokosöl gut mit Curry vermengen (alternativ kann man auch eine fertige Currypaste verwenden) und dann mit der Kokosmilch – am besten mit einem Stabmixer – gut mixen. Mit Salz, Pfeffer und Limettensaft würzen. Algen aus dem Wasser nehmen und ausdrücken.

Garnelen, Zucchini, Chilis, Algen und Lauch in einen ungelochten Garbehälter geben, mit der Curry-Kokosmilch übergießen und bei 90 °C 6 Minuten dämpfen. Ananasscheiben in Stücke schneiden und in das Curry mischen.

Dazu am besten Reis servieren (Grundrezept siehe Seite 108).

Tipp: Sehr, sehr gut schmecken auch Morcheln und/oder Shiitake zu diesem Curry.

Von Huhn bis Rind:
die moderne Fleischküche

Gefüllte Paprika

Zutaten für 4 Portionen:

150 g Reis
150 g Hackfleisch (Faschiertes)
1 EL Öl
400 ml passierte Tomaten
Salz, Pfeffer
etwas Worchestersauce
etwas Tabasco
1 Bund Petersilie, gehackt
1 Zwiebel, gewürfelt
2 Knoblauchzehen, fein gehackt
4 Tomaten, gewürfelt
100 g Schafkäse, gewürfelt
4 große Paprika, entkernt

Reis im ungelochten Garbehälter garen (siehe unten). Hackfleisch mit Öl in einer beschichteten Pfanne scharf anbraten. Beiseitestellen und auskühlen lassen. Passierte Tomaten mit Salz, Pfeffer, Worchestersauce, Tabasco und Petersilie vermischen. In einen ungelochten Garbehälter geben und beiseitestellen.

Wenn der Reis fertig gegart ist, diesen mit Zwiebel, Knoblauch, Tomaten, Hackfleisch und Schafkäse mischen. Mit Salz und Pfeffer gut würzen. Paprika mit der Fleisch-Gemüse-Käse-Mischung füllen.

20 Minuten bei 100 °C in einem gelochten Garbehälter garen. Nach 10 Minuten die Tomatensauce ebenfalls in den Dampfgarer geben.
Gefüllte Paprika mit der Tomatensauce servieren.

Reis im Dampfgarer zubereiten

Einfacher geht's nicht: Reis mit Wasser in einen ungelochten Behälter geben und bei 100 °C garen. Umrühren ist nicht notwendig. Wassermenge und Dampfzeit hängen von der Reissorte ab. Die hier angegebenen Zeiten sind Erfahrungswerte, sie können allerdings immer wieder leicht abweichen, denn auch innerhalb der Sorten gibt es Unterschiede. Also, ab und an kosten, das schadet auch beim Dampfgaren nicht.

Parboiled Reis:
1 Teil Reis, 1 Teil Wasser – Garzeit: 20 Minuten

Vollkorn- und Wildreis:
1 Teil Reis, 1,5 Teile Wasser – Garzeit: 38 Minuten

Milch- und Risottoreis:
1 Teil Reis, 2 Teile Wasser – Garzeit: 25 Minuten

Oft will ich meinen Dampfgarer nicht mit einer Beilage „blockieren". Also lasse ich zum Beispiel Reis gerade einmal die Hälfte der notwendigen Zeit garen, dann nehme ich den Garbehälter heraus, deckle ihn zu und wickle ihn schnell in ein dickes Handtuch. Ich stecke das Paket unter die Bettdecke (wie's schon meine Oma gemacht hat) und lasse den Reis dort einfach fertig ziehen – was nochmals rund 30 Minuten dauert.

Hühnchenfilets mit Äpfeln und Paprikagemüse

Zutaten für 4 Portionen:
3 Zweige Thymian
1 EL Weißweinessig
3 EL Quittengelee
4 Hühnerbrustfilets, in mundgerechten Stücken
Salz, Pfeffer
2 EL Rapsöl
2 säuerliche Äpfel, geschält, entkernt, in Spalten
8 Frühlingszwiebeln, in mundgerechten Stücken

Für das Gemüse:
4 Schalotten
2 EL Olivenöl
4 Tomaten, in mundgerechten Stücken
1 roter Paprika, in Stücken
1 gelber Paprika, in Stücken
1 Zucchini, in Streifen
Salz, Pfeffer
1 Handvoll Rucola zum Garnieren

Thymian mit Essig, Quittengelee und wenig Wasser zu einem Sud verkochen. Den Sud in einen ungelochten Garbehälter füllen.

Filets mit Salz und Pfeffer würzen, von allen Seiten kurz im Öl anbraten und in einen gelochten Garbehälter geben. Äpfel und Frühlingszwiebeln dazugeben.

Schalotten mit Öl in einer beschichteten Pfanne anschwitzen, dann das restliche Gemüse kurz mitbraten und mit Salz und Pfeffer abschmecken. Das Gemüse in einen ungelochten Garbehälter geben.

Alle 3 Garbehälter in den Dampfgarer schieben, wobei der Sud knapp unter dem Hühnchen stehen und das Paprikagemüse ganz unten positioniert werden sollte. Bei 95 °C etwa 10–12 Minuten garen.
Thymian aus dem Sud fischen. Alles miteinander vermischen und mit Rucola garniert servieren.

Hühner-Spinat-Rouladen mit Käse

Zutaten für 4 Portionen:

- 400 g Blattspinat
- Salz, Pfeffer
- 4 Knoblauchzehen, klein gehackt
- 50 g Mozzarella, gewürfelt
- 50 g Schafkäse, gewürfelt
- 50 g Emmentaler, gewürfelt
- 4 Champignons, gewürfelt
- 100 g Speck, gewürfelt
- 4 Hühnerschnitzel
- 2 EL Frischkäse

Blattspinat in einem gelochten Garbehälter 3 Minuten bei 100 °C dämpfen. Mit Salz, Pfeffer und Knoblauch vermischen. Käse-, Champignon- und Speckwürfel ebenfalls unter den Spinat mischen.

Hühnerschnitzel dünn ausklopfen. Mit Frischkäse bestreichen, Spinatfüllung darauf verteilen. Schnitzel einrollen und mit Zahnstochern fixieren. In einem gelochten Garbehälter verteilen und 20 Minuten bei 100 °C garen lassen.

Rumpsteaks mit Erdäpfeln und Fisolen im Speckmantel

Zutaten für 4 Portionen:
2 Handvoll frische Kräuter (Petersilie, Thymian, Oregano etc.), gehackt
2 EL Senf
4 Rumpsteaks
Salz, Pfeffer
Olivenöl

Für die Kräuterkartoffeln:
3 EL Olivenöl
Salz, Pfeffer
2 Zweige Rosmarin, gerebelt, gehackt
2 Zweige Thymian, gerebelt, gehackt
einige Blätter Salbei, gehackt
600 g Kartoffeln, der Länge nach geviertelt

Für die Fisolen:
½ kg grüne Bohnen (Fisolen)
8 Scheiben Speck oder Schinken
30 g Butter
etwas Muskat, frisch gerieben
Salz

Für die Kartoffeln Olivenöl, Salz, Pfeffer und Kräuter in einer kleinen Schüssel miteinander verrühren. Kartoffelviertel zugeben, alles durchmengen und mindestens 2 Stunden zugedeckt ziehen lassen.

Grüne Bohnen in einem gelochten Behälter bei 100 °C 10 Minuten garen. Mit kaltem Wasser abspülen. Jeweils 5–7 Bohnen zusammenlegen und mit 1 Scheibe Speck umwickeln. Beiseitelegen.
Kartoffeln in einen gelochten Behälter geben und bei 100 °C 28 Minuten garen.

Kräuter für die Steaks gut mit dem Senf verrühren und das Fleisch damit einstreichen. Salzen und pfeffern. Einen ungelochten Behälter mit Olivenöl ausstreichen und das Fleisch hineinlegen. Behälter zu den Kartoffeln in den Dampfgarer schieben und die letzten 8–10 Minuten mitgaren.

Einstweilen in einem beschichteten Topf die Butter für die grünen Bohnen erhitzen und die Bohnenpäckchen rund 6 Minuten zugedeckt sanft schmoren lassen. Aus dem Topf nehmen, mit der Butter übergießen und mit Muskat und Salz würzen.
Rumpsteaks mit Bohnenpäckchen und Kräuterkartoffeln servieren.

Kaninchenfilets mit Rhabarbergemüse und Kartoffelpüree

Zutaten für 4 Portionen:

4 Kaninchenfilets
2 EL Olivenöl
Salz, Pfeffer
½ Bund Petersilie, gehackt
1 Schalotte, fein gehackt
Schalenabrieb von ½ Bio-Zitrone
100 ml fruchtiger Roséwein
1 Lorbeerblatt
1 EL Ahornsirup
300 g Rhabarber,
in mundgerechten Stücken
4 cm Ingwer, frisch gerieben
1 TL Koriander, frisch gehackt
1 EL Butter

Für das Püree:

1 kg mehlige Kartoffeln,
geschält, in Stücken
200 ml Milch
20 g Butter
Salz
etwas Muskat, frisch gerieben

Kartoffeln in einen gelochten Garbehälter geben. Bei 100 °C 10 Minuten garen lassen.

Kaninchenfilets mit Olivenöl einstrichen und mit Salz und Pfeffer würzen. Petersilie, Schalotte und Zitronenschalenabrieb in einem tiefen Teller vermischen, Filets darin wenden. Die „panierten" Filets in einen gelochten Garbehälter legen und den Behälter unter die Kartoffeln schieben.

Wein mit Lorbeer in einen geschlossenen Behälter geben und im Dampfgarer unter den Filets positionieren. Alles gemeinsam bei 85 °C 20–25 Minuten garen. Die Filets im ausgeschalteten Dampfgarer warm halten. Kartoffeln aus dem Dampfgarer nehmen und mit Milch zu einem Püree zerstampfen. Butter unterheben und mit Salz und frisch geriebenem Muskat abschmecken.

Wein aus dem Garbehälter in einen Topf gießen, Ahornsirup einrühren, Rhabarberstücke zugeben, etwa 4 Minuten garen, bis sie bissfest sind und dann herausnehmen.

Ingwer und Koriander in den Weinsud geben und diesen mit wenig Hitze etwas reduzieren. Butter einrühren, aufkochen lassen, dabei gut umrühren. Die Rhabarberstücke wieder einlegen und alles mit Salz und Pfeffer abschmecken.
Kaninchenfilets mit Rhabarbergemüse und Püree servieren.

Steirisches Wurzelfleisch mit Salzkartoffeln

Zutaten für 4 Portionen:

800 g Schweinefleisch (Schulter)
Salz
125 ml Apfelessig
2 Lorbeerblätter
4 Pfefferkörner
16 kleine Kartoffeln, geschält, halbiert
4 Karotten, in Streifen
4 gelbe Rüben, in Streifen
½ Sellerie, in Streifen
1 Petersilienwurzel, in Streifen
2 Frühlingszwiebeln, in feinen Ringen
½ Stange Lauch, in feinen Ringen
1 Zweig Thymian
40 g Butter, in kleinen Stücken
150 g Meerrettich (Kren), frisch gerieben

Fleisch mit 1 l Wasser, Salz, Essig, Lorbeerblättern und Pfefferkörnern in einen ungelochten Garbehälter geben und bei 100 °C 60 Minuten dämpfen.

Kartoffeln in einen gelochten Garbehälter geben und 20 Minuten vor Ablauf der Garzeit zum Fleisch geben. Gemüse und Thymian in einen gelochten Garbehälter geben und 6–7 Minuten vor Ende der Garzeit ebenfalls in den Dampfgarer schieben.

Kartoffeln herausnehmen, mit Butterstückchen garnieren und salzen.
Fleisch aus dem Sud nehmen und aufschneiden.
Auf Tellern anrichten, mit dem Sud beträufeln und mit Gemüse, Kartoffeln und Meerrettich servieren.

Schweinsrückensteaks mit Nudeln und Rotweinbutter

Zutaten für 4 Portionen:

4 Schweinsrückensteaks
Salz, weißer Pfeffer
2 EL Öl und etwas Öl
für den Garbehälter
200 g Spaghetti
2 Frühlingszwiebeln, in Ringen
1 roter Paprika, klein gewürfelt
50 ml Weißwein
150 ml Schlagsahne (Schlagobers)
100 g Parmesan, gerieben
etwas Zucker
½ Bund Petersilie, gehackt

Für die Rotweinbutter:

2 Schalotten, fein gewürfelt
125 g zimmerwarme Butter
1 TL Zucker
1 TL Ahornsirup
60 ml Sherry
1 Knoblauchzehe, fein gehackt
100 ml Rotwein
1 TL Balsamicoessig
2 Pimentkörner, im Mörser zerkleinert
½ Bund Thymian
Salz, Pfeffer

Für die Rotweinbutter Schalotten in 1 TL Butter anschwitzen. Zucker und Ahornsirup hinzufügen und karamellisieren lassen. Mit Sherry ablöschen und etwa 2–3 Minuten einköcheln lassen. Knoblauch, Rotwein, Balsamicoessig und Piment ebenfalls in die Pfanne geben und bei mittlerer Temperatur etwa 2–3 Minuten eindicken lassen. Thymianblätter von den Zweigen zupfen, fein hacken und zur Rotweinreduktion geben, kurz auskühlen lassen. Die restliche Butter mit der Rotweinreduktion vermischen, salzen und pfeffern.
In eine Form kneten, in Glassichtfolie einschlagen und kühl stellen.

Dampfgarer auf 100 °C vorheizen. Steaks salzen und pfeffern und in einen ungelochten, mit Öl ausgepinselten Garbehälter geben.

Für die Spaghetti 1 l Wasser in einen weiteren ungelochten Garbehälter geben, salzen und 1 EL Öl hinzufügen. Spaghetti einlegen. Beide Behälter in den Dampfgarer geben und bei 100 °C 15 Minuten garen.

Spaghetti herausnehmen. Steaks ein paar Minuten länger im abgedrehten Dampfgarer rasten lassen.
In der Zwischenzeit 1 EL Öl in einer beschichteten Pfanne erhitzen, Zwiebeln und Paprika darin anschwitzen. Mit dem Wein ablöschen, Schlagsahne und Parmesan zufügen, einkochen lassen. Mit Salz, Pfeffer, Zucker und Petersilie abschmecken.

Spaghetti abseihen, in die Pfanne geben und gut mit der Sauce vermischen.
Steaks mit Rotweinbutter und Spaghetti anrichten.

Lammrücken mit Petersilienwurzelpüree und Fenchelgemüse

Zutaten für 4 Portionen:

2 ausgelöste Lammrücken à 300 g
1 Schweinenetz (vom Fleischhauer)
2 EL Olivenöl

Für das Püree:

½ kg Petersilienwurzeln, geschält, in kleinen Stücken
100 ml Milch
50 ml Schlagsahne (Schlagobers)
Salz
2 Bund Petersilie, gehackt
1 EL Butter
Pfeffer

Für das Fenchelgemüse:

4 Fenchelknollen, halbiert, den Strunk entfernt
2 EL Gojibeeren
Saft von 1 Zitrone
Saft von 1 Orange
1 EL Dijonsenf
2 EL Olivenöl
Salz, Pfeffer
1 Karotte, gehobelt
100 g Stangensellerie, gehobelt
1 Apfel, gehobelt

Petersilienwurzeln mit Milch und Schlagsahne in einen ungelochten Garbehälter geben, etwas salzen und bei 100 °C 10 Minuten garen.

Lammrücken in das Schweinenetz einrollen und in einer beschichteten Pfanne im Olivenöl kurz anbraten. Einen gelochten Garbehälter mit dem Bratenfett ausfetten und das Fleisch zu den Petersilienwurzeln in den Dampfgarer stellen. Die Temperatur auf 90 °C reduzieren und alles gemeinsam noch 14 Minuten garen. In der Zwischenzeit Backofen auf 50 °C vorheizen. Fleisch aus dem Dampfgarer nehmen und im Backofen bis zum Servieren – etwa 10 Minuten – ruhen lassen.

Fenchelhälften in einen gelochten Garbehälter geben und bei 100 °C 8 Minuten dämpfen.
Gojibeeren in ein Einweckglas geben, mit 50 ml warmem Wasser übergießen, 10 Minuten ziehen und dann auskühlen lassen.

Einstweilen die Petersilienwurzeln mit Petersilie und etwas Butter mit einem Stabmixer pürieren. Mit Salz und Pfeffer abschmecken.

Zitronen- und Orangensaft, Senf, Öl, Salz und Pfeffer zu den Gojibeeren geben. Das Glas verschließen und die Marinade kräftig schütteln. Dann Karotten, Sellerie und Apfel in das Glas geben und nochmals kurz schütteln. Fenchel auf 4 Salattellern anrichten und die Marinade darüber verteilen.
Lammfleisch in 8 gleich große Stücke schneiden und mit Püree und Fenchelgemüse servieren.

Entenbrust in Ingwersauce mit Spinat und Jungzwiebeln

Zutaten für 4 Portionen:

4 Entenbrustfilets à 120 g
1 TL schwarze Pfefferkörner
40 g frischer Ingwer, gerieben
Saft und Kerne von 1 Granatapfel
3 EL Sojasauce
8 Frühlingszwiebeln
etwas Öl für die Pfanne
400 g Blattspinat
400 ml Enten- oder Geflügelfond
1 EL Speisestärke
Salz, Pfeffer

Filets waschen, trocken tupfen – eine eventuell vorhandene Haut mit einem scharfen Messer mehrmals schräg einschneiden. Pfeffer in einem Mörser grob zerstoßen.

Pfeffer, Ingwer, Granatapfelsaft und Sojasauce verrühren. Marinade in eine große flache Schüssel gießen und Filets mit der Hautseite nach oben hineinlegen. Zugedeckt mindestens 1 Stunde marinieren. Frühlingszwiebeln 8 Minuten bei 90 °C im gelochten Garbehälter garen.

Fleisch aus der Marinade nehmen, abtupfen und in einer beschichteten Pfanne rundum im Öl kurz anbraten. In Frischhaltefolie wickeln und im gelochten Garbehälter bei 90 °C rund 7 Minuten garen.
Spinat in einem gelochten Garbehälter 4 Minuten bei 100 °C dämpfen.

Entenmarinade und Fond (bis auf 2 EL) in die Pfanne gießen, aufkochen und etwa 5 Minuten bei kleiner Hitze kochen lassen. Dann durch ein Sieb gießen und nochmals aufkochen lassen. Stärke und restliche 2 EL Fond glatt rühren, unter Rühren in die Sauce gießen und nochmals kurz aufkochen lassen. Sauce mit Salz und Pfeffer abschmecken.
Entenbrust in Scheiben schneiden und mit Spinat, Ingwersauce, Granatapfelkernen und Jungzwiebeln anrichten.

Saltimbocca alla romana mit Polenta

Zutaten für 4 Portionen:

Für die Saltimbocca:

4 möglichst dünne Kalbsschnitzel
12 frische Salbeiblätter
Salz, Pfeffer
8 Scheiben luftgetrockneter Schinken (Parma, Serrano o. Ä.)
2 EL Butter
30 ml Weißwein

Für die Polenta:

700 ml Gemüsebrühe
150 g grober Maisgrieß
2 EL Majoran, frisch gehackt
2 EL Petersilie, frisch gehackt
2 EL Butter
100 g Parmesan, frisch gerieben
Pfeffer

Gemüsebrühe für die Polenta in einen ungelochten Behälter geben und bei 100 °C 5 Minuten erhitzen. Herausnehmen und Grieß unter Rühren langsam einstreuen. 3 Minuten ruhen lassen, nochmals rühren. Beiseitestellen.

Schnitzel flach auflegen, jeweils mit 3 Salbeiblättern belegen, mit Salz und Pfeffer würzen. Straff aufrollen und mit jeweils 2 Blatt Schinken umwickeln. Die Röllchen mit der Verschlussseite nach unten in einen ungelochten Garbehälter geben. 1 EL Butter darüber verteilen. Grieß und Fleisch bei 100 °C 10 Minuten im Dampfgarer garen.

Dann Grieß herausnehmen, Saltimbocca mit Wein aufgießen und weitere 20 Minuten garen.

Kräuter, Butter und Parmesan kräftig unter die Polenta mischen. Die Polenta auf ein mit Backpapier ausgelegtes Blech etwa 3 cm dick streichen, mit einem Geschirrtuch zudecken und etwa 5 Minuten ruhen lassen. Mit Pfeffer abschmecken.

Saltimbocca aus dem Dampfgarer nehmen. Den Saft auffangen und mit etwas Butter in einem Topf kurz binden. Die Polenta in kleine Rauten schneiden. Saltimbocca auf die Teller geben, mit etwas Saft übergießen und mit den Polenta-Rauten servieren.

Marinierte Rinderfilets auf Papaya mit Jasminreis

Zutaten für 4 Portionen:

1 Papaya, entkernt
700 g Rinderfilet
etwas Butter
1 rote Chilischote, entkernt, in feinen Streifen

Für die Marinade:

2 Knoblauchzehen, zerdrückt
2 TL Honig
5 cm Ingwer, frisch gerieben
10 EL Sojasauce
2 EL Beerenessig
2 EL Butter

Für den Reis:

2 Tassen Jasminreis
2 Tassen Gemüsebrühe
3 EL Trockenfrüchtemischung (Papaya, Mango, Marillen etc.), ev. zerkleinert
1 EL Butter
Salz

Alle Zutaten für die Marinade mit einem Schneebesen gut verrühren. ⅛ der Papaya mit einer Gabel zerdrücken und gut mit der Marinade vermischen. Das Fleisch einlegen und mindestens 1 Stunde marinieren.

In der Zwischenzeit den Reis zubereiten: Jasminreis waschen und mit der Gemüsebrühe in einen ungelochten Behälter geben. Trockenfrüchte untermischen. Bei 100 °C etwa 20 Minuten garen. Butter einrühren und mit Salz abschmecken. Reis beiseitestellen.

Fleisch aus der Marinade nehmen, Marinade beiseitestellen. Fleisch abtropfen lassen. Butter in einer Pfanne heiß werden lassen und Fleisch darin rundherum ca. 5 Minuten anbraten. Aus der Pfanne nehmen und in einen ungelochten Garbehälter legen. Etwas salzen und bei 80 °C ca. 30 Minuten fertig garen.

Die restliche Papaya in feine Spalten schneiden und mit der Chilischote in einen gelochten Behälter geben. Reis und Papaya die letzten 5 Minuten zum Fleisch in den Dampfgarer schieben.

Den ausgetretenen Fleischsaft zur Marinade geben, kurz im Topf erwärmen und abschmecken. Das Filet in Scheiben schneiden, mit dem Saft beträufeln und mit Papaya und Reis servieren.

Tafelspitz mit Rösterdäpfeln und Cremespinat

Zutaten für 4–6 Portionen:

1 kg Tafelspitz
3 Lorbeerblätter
2 EL Pfefferkörner
2 Wacholderbeeren
Salz
3 Karotten, in Stücken
2 gelbe Rüben, in Stücken
½ Sellerie, in Streifen
1 Zwiebel, halbiert
2 Frühlingszwiebeln, halbiert
200 ml Rindsuppe
1 Bund Schnittlauch, in Röllchen

Für die Rösterdäpfel:

1 kg speckige Kartoffeln, geschält
80 g Öl
120 g Zwiebeln, fein geschnitten
Salz
etwas Muskat, frisch gerieben

Für den Cremespinat:

1 kg Blattspinat
25 g Butter
25 g Mehl
Salz, Pfeffer
4 Knoblauchzehen, gepresst

Kartoffeln in einem gelochten Behälter bei 100 °C 25 Minuten dämpfen (die Garzeit kann je nach Größe der Kartoffeln etwas variieren). Auskühlen lassen. Fleisch mit Gewürzen, Gemüse und Suppe in einen ungelochten Garbehälter geben und 60 Minuten bei 100 °C dämpfen.

Backofen auf 50 °C vorheizen. Die ausgekühlten Kartoffeln grob reiben (mit einem „Röstireißer"). Die Hälfte des Öls in einer beschichteten Pfanne erhitzen, die Zwiebeln darin anschwitzen und dann in ein anderes Gefäß umfüllen. Die Pfanne mit Küchenkrepp reinigen, den Rest des Fetts erhitzen, Kartoffeln beigeben, mit Salz und Muskat würzen und unter Wenden knusprig bräunen. Zum Schluss die Zwiebeln untermengen. In der Pfanne im Backofen warm stellen.

Nach der Garzeit das Fleisch herausnehmen, die Suppe abseihen. Gemüse und Suppe beiseitestellen. Das Fleisch noch etwas rasten lassen.

Spinat in einen ungelochten Behälter geben, 1 Minute bei 100 °C im Dampfgarer blanchieren, sanft ausdrücken und faschieren. In einer Pfanne die Butter schmelzen, Mehl kurz anschwitzen, mit 1 Schöpfer der heißen Suppe aufgießen und alles unter mehrmaligem Rühren 4 Minuten köcheln lassen. Den Spinat einrühren, nochmals aufkochen lassen (gegebenenfalls nochmals passieren). Mit Salz, Pfeffer und Knoblauch abschmecken.
Tafelspitz aufschneiden, mit Schnittlauch bestreuen und mit Gemüse, Rösterdäpfeln und Cremespinat servieren.

Die klassische Beilage zum Tafelspitz ist Apfelkren – und der lässt sich ganz einfach zubereiten: Eher säuerliche Äpfel fein reiben, mit Zitronensaft und frisch gerissenem Meerrettich (Kren) vermengen. Mit etwas Öl, Salz und ein wenig Zucker abschmecken. Soll der Apfelkren länger halten, dünste ich die Äpfel wie ein Kompott im Dampfgarer (ohne Süße), passiere sie und mische erst dann Meerrettich und Salz darunter. So hält der Apfelkren bis zu 1 Monat.

Rindsrouladen mit Kürbispüree

Zutaten für 4–6 Portionen:

Für die Rindsrouladen:
- 4 Rindsschnitzel oder Rostbraten
- Salz, Pfeffer
- 1 TL Senf
- 1 TL Sardellenpaste
- 100 g Speck, fein gewürfelt
- 1 Zwiebel, fein geschnitten
- ½ TL Kapern, fein gehackt
- 4 Essiggurken, in dünnen Stiften
- 2 Karotten, in dünnen Stiften
- 1 Ei
- 2 EL Petersilie, gehackt
- 1 EL Paniermehl (Semmelbrösel)
- 400 ml Rindsuppe

Für das Püree:
- 250 g Kartoffeln, geschält, gewürfelt
- 250 g Hokkaidokürbisfleisch, gewürfelt
- 50 ml Gemüsebrühe
- 50 ml Schlagsahne (Schlagobers)
- Salz, Pfeffer
- etwas Muskat, frisch gerieben
- 25 g Butter

Schnitzel für die Rouladen dünn ausklopfen, mit Salz und Pfeffer würzen. Auf einer Seite mit Senf und Sardellenpaste bestreichen.

Speck in einer beschichteten Pfanne anlaufen lassen, Zwiebel darin glasig andünsten. Kapern, Essiggurken, Karotten, Ei, Petersilie und Paniermehl untermengen und einige Minuten bei geringer Hitze ziehen lassen. Die Füllung gleichmäßig auf der mit Senf und Sardellenpaste bestrichenen Seite der Schnitzel verteilen, die Rouladen einrollen. Mit Küchengarn oder Zahnstochern fixieren. Die Rouladen einen gelochten Behälter geben. Rindsuppe in einen ungelochten Behälter füllen.

Kartoffeln und Kürbis für das Püree in einen ungelochten Behälter geben. Mit Gemüsebrühe und Schlagsahne übergießen. Bei 100 °C 30 Minuten garen.

Nach 5 Minuten Rouladen und Rindsuppe ebenfalls in den Dampfgarer schieben – die Suppe dabei ganz unten platzieren.

Kürbis und Kartoffeln nach der Garzeit in eine Schüssel geben und mit dem Kartoffelstampfer zu einem Püree zerdrücken. Mit Salz, Pfeffer und Muskat abschmecken, Butter unterrühren. Püree mit den schräg aufgeschnittenen Rouladen servieren.

Reisfleisch

Zutaten für 4–6 Portionen:

1 EL Rapsöl
250 g Putenbrust, in Würfeln
1 Zwiebel, fein gewürfelt
1 roter Paprika, gewürfelt
50 g edelsüßes Paprikapulver
2 Knoblauchzehen, gehackt
Salz, Pfeffer
100 ml Rindsuppe
250 g Langkornreis
500 ml Gemüsebrühe
4 EL Parmesan, frisch gerieben

Öl in einer beschichteten Pfanne erhitzen, Putenbrust darin scharf anbraten. Fleisch aus der Pfanne nehmen. Eventuell noch etwas Öl in die Pfanne geben, Zwiebel und Paprikawürfel kurz darin anbraten.

Mit Paprikapulver bestreuen, Knoblauch zugeben, mit Salz und Pfeffer würzen und mit Rindsuppe aufgießen. Kurz köcheln lassen und dann gemeinsam mit dem Fleisch in einen ungelochten Garbehälter geben.

Reis mit der Gemüsebrühe ebenfalls in einen ungelochten Garbehälter geben. Beide Behälter bei 100 °C für 25 Minuten in den Dampfgarer stellen.
Alles vermischen, mit Salz und Pfeffer abschmecken und mit Parmesan bestreut servieren.

Auf Vorrat: Marmeladen, Chutneys und Mus

Vanillequitten

Zutaten für 4 Portionen:

4 Quitten, geschält, entkernt, in Spalten
100 g Zucker
100 ml Birnensaft
Mark von 1 Vanilleschote
1 Stück Zimtrinde
2 Gewürznelken
100 ml Weißwein
4 Kugeln Vanilleeis

Quitten, Zucker, Saft und Gewürze in einen ungelochten Behälter geben und bei 100 °C 28 Minuten garen. Dann Saft in einen Topf gießen, mit Wein vermischen und köcheln lassen, bis ein Sirup entsteht.

Quitten auf 4 kleine Schüsseln verteilen, jeweils eine Kugel Vanilleeis darübergeben und mit dem Sirup beträufeln.

Zwetschkenröster

Zutaten für 3–4 Gläser à 250 ml:

½ kg Zwetschken, entsteint, geviertelt
100 g Zucker
50 ml Rotwein
1 EL Rotweinessig
1 TL Zimt

Zwetschken mit der Schale nach oben in einen ungelochten Garbehälter geben. Die übrigen Zutaten darauf verteilen. Bei 90 °C etwa 15 Minuten garen lassen. Danach nochmals gut durchrühren und abschmecken.
Entweder gleich warm genießen oder in Schraubgläsern bis zu 3 Wochen im Kühlschrank aufheben.

Marmelade-Grundrezept

Zutaten für 3–4 Gläser à 250 ml:
400 g Obst
130 g Gelierzucker, 3:1
1 TL Zitronensaft

Gläser und Deckel auswaschen, trocken wischen und bei 100 °C 10 Minuten im Dampfgarer sterilisieren. Alle Zutaten in einem ungelochten Garbehälter mischen, eventuell mit einem Kartoffelstampfer leicht quetschen. Bei 100 °C 20–30 Minuten (je nach Obst) garen. Herausnehmen, wenn gewünscht mit dem Stabmixer pürieren und alles in die Gläser füllen. Gläser kopfüber und nahe beieinander stehend auskühlen lassen.

Im Dampfgarer kann man jede Marmelade herstellen. Das geht denkbar einfach und gelingt eigentlich immer.

Apfel-Trauben-Grüntee-Marmelade

Zutaten für 3–4 Gläser à 250 ml:

½ kg Äpfel, entkernt, klein geschnitten
1 Handvoll kernlose Trauben
100 ml Grüntee, stark aufgebrüht
Saft von 1 Limette
180 g Gelierzucker, 3:1

Äpfel, Trauben und Grüntee in einem Mixer grob pürieren. Limettenensaft und Gelierzucker gut untermengen. Mischung in sterilisierte Einweckgläser füllen und diese gut verschließen. Die Gläser bei 100 °C 50 Minuten garen.
Dann möglichst eng aneinander und auf dem Kopf stehend langsam auskühlen lassen.

Die Garzeit variiert je nach Größe der Gläser: Bei kleinen, etwa 100 ml fassenden Gläsern reichen oft auch schon 30 Minuten.

Beschwipste Birnen

Zutaten für 3–4 Gläser à 250 ml:

1 Bouteille Rotwein
700 g Zucker
1 TL Zimt
2 Stangen Vanille, aufgeschlitzt
6 Gewürznelken
1 kg feste Birnen, geschält, halbiert, entkernt
1 kleines Glas Birnenschnaps

Rotwein mit Zucker und Gewürzen in einen ungelochten Behälter füllen und 10 Minuten bei 100 °C garen. Gut umrühren. Birnenstücke dazugeben und nochmals ca. 10 Minuten bei 100 °C weich kochen. Die Früchte herausnehmen und in saubere Gläser schichten.
Den Rotweinsirup mit Birnenschnaps mischen und über die Birnen verteilen (sie sollten gut bedeckt sein!).
Gläser luftdicht verschließen und 4 Wochen kühl ziehen lassen.

Kürbis-Chutney

Zutaten für 4–6 Gläser à 250 ml:

- 1 kg Kürbisfleisch, in kleinen Stücken
- 200 ml Apfelsaft
- 2 große Zwiebeln, in Streifen
- 1 Stück Ingwer (je nach Geschmack), in kleinen Stücken
- 1 Stange Zimt
- 2 TL Senfkörner
- 4 Gewürznelken
- 2 Lorbeerblätter
- Salz, Pfeffer
- 2 Äpfel, in kleinen Stücken
- etwas Essig
- etwas Zucker

Kürbis mit Apfelsaft, Zwiebeln, Ingwer, Zimt, Senfkörnern, Gewürznelken, Lorbeer und etwas Salz und Pfeffer in einen ungelochten Behälter geben und 30 Minuten bei 100 °C garen lassen. 5 Minuten vor Ablauf der Garzeit die Gewürze soweit wie möglich wieder entfernen. Apfelstücke zum Kürbis geben, mit Essig, Salz, Pfeffer und Zucker abschmecken.

Das Chutney in sterilisierte Gläser füllen. Gläser verschließen und im Dampfgarer bei 100 °C nochmals 15 Minuten ziehen lassen.

Mango-Marillen-Chutney

Zutaten für 4–5 Gläser à 250 ml:

1 Mango, geschält, entsteint, in Stücken
250 g reife Aprikosen
(Marillen), entsteint, in Stücken
125 g Zwiebeln, in Ringen
70 ml Mangosaft
70 ml Weißweinessig
125 g Gelierzucker, 3:1
Salz, roter Pfeffer
etwas Zimt

Mango, Aprikosen, Zwiebeln, Mangosaft und Essig in einen ungelochten Behälter geben, mit dem Kartoffelstampfer leicht zerquetschen. Gelierzucker untermengen und alles bei 100 °C 40 Minuten garen. Mit Salz, Pfeffer und Zimt abschmecken.

In sterilisierte Gläser füllen, diese gut verschließen. Bei 100 °C für 10 Minuten in den Dampfgarer stellen, dann kopfüber und eng aneinander stehend auskühlen lassen. Kühl aufbewahren.

Apfelsaft

Zutaten für 2–3 l:

1,5 kg Äpfel, in Stücken (mit Kernen)
etwas Zucker
½ Stange Zimt
1 Prise Salz
Saft von ½ Zitrone

Apfelstücke in einen ungelochten Behälter geben. Behälter mit Wasser auffüllen, bis die Äpfel bedeckt sind. Gewürze und Zitronensaft zugeben. Bei 100 °C 20 Minuten dämpfen. Äpfel herausnehmen, mit dem Kartoffelstampfer möglichst zerquetschen und weitere 10 Minuten dämpfen. Die Apfelmasse durch ein dünnes Sieb gießen und gut „ausdrücken".

Den Saft in sterile Bügelflaschen füllen, verschließen und weitere 15 Minuten dämpfen. Flaschen herausnehmen und mit kaltem Wasser abschrecken (ähnlich wie ein Ei!).
Kühl gelagert hält dieser Saft ein paar Monate.

Das ist nur ein Grundrezept. Ich mache eigentlich aus nahezu jedem „Obst mit Gewürzen" Saft. Ein Alltime-Favorit in unserem Haus ist zum Beispiel Ingwer-Kurkuma-Saft mit Zitrone. Probieren Sie einfach die verschiedensten Kombinationen – selbst gemachte Säfte schmecken nicht nur sehr gut, man weiß auch, „was drinnen ist".

Apfelmus

Zutaten für 4–6 Gläser à 250 ml:

- 2 Vanilleschoten
- 150 ml Wasser oder Apfelsaft
- 2 Zimtstangen
- 2–4 EL Zucker
- 1 Prise Salz
- 2 Kilo Äpfel, entkernt, geschält, in Stücken

Vanilleschoten der Länge nach aufschlitzen, Mark mit einem Messer herausschaben. Wasser, aufgeschlitzte Vanilleschoten, Vanillemark, Zimtstangen, Zucker und Salz kurz aufkochen lassen, gut umrühren. Beiseitestellen und ziehen lassen.

Apfelstücke im Dampfgarer bei 100 °C 10–12 Minuten weich dünsten. Aus dem Dampfgarer nehmen und kurz abkühlen lassen. Vanilleschoten und Zimtstange aus dem Wasser nehmen. Apfelstücke fein pürieren, dann nach und nach das aromatisierte Wasser zugeben – achten Sie darauf, dass das Mus nicht zu flüssig wird (je nach Apfelsorte bleibt manchmal auch etwas Wasser übrig).

Tipp: Ich bereite das „Gewürzwasser" manchmal schon ein paar Stunden vorher zu. So kann es wie Tee ziehen und macht das Mus dann noch intensiver.

Dieses Apfelmus kann man gleich essen – oder man füllt es in Gläser um und macht es im Dampfgarer haltbar. Die Gläser müssen dafür absolut sauber sein, am besten kurz vor Verwendung nochmals im Dampfgarer bei 100 °C sterilisieren. Das Apfelmus noch heiß in die Gläser füllen, in den Dampfgarer stellen und bei 90 °C etwa 40 Minuten einkochen. Sollten Sie größere Gläser verwenden, dauert es länger: 50 Minuten bei ½-Liter-Gläsern und rund 65 Minuten bei 1-Liter-Gläsern. Die Gläser werden luftdicht verschlossen und an einem trockenen, kühlen und dunklen Ort aufbewahrt.

Einfach genießen:
die süße
Dampfküche

Topfensoufflé

Zutaten für 4 Portionen:

140 g Quark (Topfen)
2 Eier, getrennt
Schalenabrieb von ½ Bio-Zitrone
80 g Puderzucker
Salz
etwas Butter
1 Pkg. Vanillezucker

Quark mit Eigelb und Zitronenschalenabrieb gut verrühren. Eiweiß mit Zucker und 1 Prise Salz zu festem Schnee schlagen und vorsichtig unter die Quarkmasse heben.

4 Souffléförmchen mit etwas Butter bestreichen und mit etwas Vanillezucker (nicht zu viel!) bestreuen. Die Quarkmasse auf die Formen verteilen. Mit einer hitzebeständigen Folie abdecken und bei 90 °C für etwa 20 Minuten in den Dampfgarer stellen – die Dauer des Vorganges hängt von der Größe der Förmchen ab, da muss man austesten.

Tipp: Mit der abgeriebenen Schale von 2 Bio-Limetten wird daraus ganz einfach ein Limettensoufflé.

Sauerrahmsoufflé

Zutaten für 4 Portionen:

200 g saure Sahne (Sauerrahm)
3 Eier, getrennt
20 g Zucker
10 g Maisstärke
Schalenabrieb von 1 Bio-Zitrone
10 ml Orangenlikör
Butter und Zucker für die Form
Salz
40 g Puderzucker
Vanilleeis zum Garnieren

Saure Sahne mit Eigelb, Zucker, Maisstärke, Zitronenschalenabrieb und Orangenlikör gut verrühren und für mindestens 1 Stunde im Kühlschrank rasten lassen.
Eiweiß mit 1 Prise Salz und Zucker steif schlagen und unter die gekühlte Masse heben.

Die Masse in gebutterte und mit Zucker bestreute Souffléformen geben und mit Folie abdecken.
Bei 90 °C etwa 30 Minuten garen.
Dann die Soufflés auf Dessertteller stürzen und mit Vanilleeis servieren.

Topfennockerln auf Himbeerspiegel

Zutaten für 4 Portionen:

Für die Nockerln:
250 g Quark (Topfen)
1 Ei
2 EL Mehl
3 EL Grieß
1 Prise Salz

Für die Brösel:
50 g Butter
3 EL Paniermehl (Semmelbrösel)
1 EL Zucker

Für den Himbeerspiegel:
½ kg Himbeeren
ev. etwas Zucker

Alle Zutaten für die Nockerln zu einem Teig verarbeiten. 10 Minuten rasten lassen. Mit feuchten Händen Nockerln formen und diese auf ein gelochtes Blech setzen. Bei 100 °C 10 Minuten in den Dampfgarer geben.

Einstweilen die Himbeeren pürieren, eventuell mit ein wenig Zucker süßen.

Paniermehl für die Brösel mit Zucker vermischen. Dann die Butter in einer beschichteten Pfanne zerlassen und die Paniermehl-Zucker-Mischung darin leicht anrösten.

Die Nockerln in der Mischung wälzen und auf dem Beerenspiegel servieren.

Zu den Topfennockerln passt auch eine Erdbeersauce (Rezept siehe Seite 149) oder ein klassisches Apfelmus (Rezept siehe Seite 144) sehr gut.

Topfenknödel mit Erdbeersauce

Zutaten für 4 Portionen:
250 g Quark (Topfen)
80 g Grieß
130 g zimmerwarme Butter
2 Eier
60 g Paniermehl (Semmelbrösel)
2 EL Kristallzucker
1 Pkg. Vanillezucker

Für die Sauce:
250 g Erdbeeren
Puderzucker nach Bedarf
100 ml saure Sahne (Sauerrahm)
etwas Zitronensaft

Alle Zutaten für die Knödel verrühren und für mindestens 30 Minuten in den Kühlschrank stellen. Mit feuchten Händen kleine Knödel formen und diese in einen mit Backpapier ausgelegten gelochten Behälter geben. Bei 95 °C 15 Minuten dämpfen.

Alle Zutaten für die Sauce mixen und eventuell durch ein Sieb streichen.
Knödel mit der Sauce servieren.

Tipp: Wer mag, kann noch etwas Butter in einer Pfanne schmelzen, Brösel und Zucker darin goldbraun anrösten und die warmen Knödel darin wälzen.

Germknödel

Zutaten für 4 Knödel:

- 15 g Hefe (Germ)
- 125 ml lauwarme Milch
- 250 g griffiges Mehl
- 30 g Butter
- 120 g Puderzucker
- 1 Pkg. Vanillezucker
- Salz
- Schalenabrieb von 1 Bio-Zitrone
- 2 Eigelb
- 80 g Powidl
- 2 EL Rum
- 90 g Butter
- 90 g geriebener Mohn

Hefe in der lauwarmen Milch auflösen, mit 2 EL Mehl zu einem Vorteig (Dampfl) verrühren. Vorteig mit wenig Mehl bestreuen und an einem warmen Ort ca. 30 Minuten gehen lassen.

Butter mit 30 g Puderzucker und Vanillezucker, 1 Prise Salz und Zitronenschalenabrieb schaumig rühren. Eigelb einrühren. Mit dem Vorteig und dem übrigen Mehl zu einem glatten Teig abschlagen. Den Teig vierteln, zu Kugeln formen und zugedeckt mindestens 30 Minuten gehen lassen.

Powidl für die Füllung mit Rum verrühren.
Die Teigkugeln gut durchkneten, flach drücken, mit je 1 Portion Powidl füllen und glatte Knödel formen. Eine gelochte Schale mit Backpapier auslegen, die Knödel mit ausreichend Platz dazwischen einlegen. Nochmals im Dampfgarer 15 Minuten gehen lassen und dann bei 100 °C 15 Minuten dämpfen. Butter in einem kleinen Behälter für 1 Minute ebenfalls bei 100 °C in den Dampfgarer stellen.

Mohn mit dem restlichen Puderzucker mischen.
Die Knödel anrichten, mit einer Gabel anstechen, mit heißer Butter übergießen und mit der Mohn-Zucker-Mischung bestreuen.

Buchteln mit Vanillesauce

Zutaten für 4 Portionen:

½ kg Mehl
1 Pkg. Trockenhefe (Trockengerm)
1 Prise Salz
Schalenabrieb von 1 Bio-Zitrone
60 g Zucker
1 Pkg. Vanillezucker
250 ml lauwarme Milch
50 g weiche Butter
3 Eier
12 TL Marillenmarmelade

etwas Butter für das Backpapier

Für die Vanillesauce:

750 ml Milch
3 EL Zucker
1 Pkg. Vanillepuddingpulver

Alle Zutaten für die Buchteln zu einem geschmeidigen Teig verrühren. Zugedeckt mindestens 30 Minuten gehen lassen. Dann den Hefeteig durchkneten und an einem warmen Ort (oder im Dampfgarer bei 20 °C) nochmals 30 Minuten gehen lassen.

Aus dem Teig 12 gleich große Kugeln formen. Mit jeweils 1 TL Marmelade füllen und Teig darüberklappen.

Einen gelochten Behälter mit Backpapier auslegen, das Papier mit etwas Butter einfetten und die Buchteln eng aneinander und mit der zusammengeklappten Seite nach unten in die Form geben. Form in den Dampfgarer geben, Buchteln nochmals 10 Minuten ruhen lassen und dann bei 95 °C rund 40 Minuten garen.

Für die Vanillesauce Milch, Zucker und Puddingpulver in einen Topf geben und unter ständigem Rühren erhitzen.
Die Buchteln mit der Vanillesauce servieren.

Bayrische Dampfnudeln

Zutaten für 4 Portionen:

250 g Weizenmehl
¼ Würfel Hefe (Germ)
180 ml Milch
40 g Zucker
50 g Butter
2 Eigelb

Mehl in eine Schüssel sieben. In die Mitte eine Mulde drücken und die Hefe einbröseln. Die Hälfte der Milch lauwarm erhitzen, 2 EL davon mit 1 EL Zucker und der Hefe in der Mulde zu einem Vorteig verrühren. Die Schüssel abdecken und 10 Minuten an einem warmen Ort stehen lassen. In der restlichen lauwarmen Milch einstweilen die Butter schmelzen.

Eigelb, Zucker und die Milch-Butter-Mischung zum Mehlteig schütten und alles zu einem homogenen Teig verkneten. Abgedeckt weitere 35 Minuten gehen lassen.

Nach dem Gehen den Hefeteig auf einer bemehlten Arbeitsfläche nochmals durchkneten und anschließend zu 8 gleich großen Kugeln formen. Die Kugeln mit einem Geschirrtuch abdecken und weitere 20 Minuten gehen lassen.

Die Dampfnudeln in ungelochten Garbehältern verteilen und für ca. 35 Minuten bei 95 °C garen.

Tipp: Bayrische Dampfnudeln isst man klassisch mit Vanillesauce, ich allerdings serviere sie oft auch – die Bayern mögen mir verzeihen – mit Apfel- oder einem fruchtigen Beerenmus.

Wachauer Marillenknödel

Zutaten für 8 Knödel:

600 g mehlige Kartoffeln, geschält, in Stücken
80 g Hartweizengrieß
1 Eigelb
1 TL Vanillezucker
Schalenabrieb von ½ Bio-Zitrone
1 EL flüssige Butter
100 g griffiges Mehl
Salz
8 Aprikosen (Marillen)
8 Stück Würfelzucker
etwas Paniermehl (Semmelbrösel)
125 g Butter
Puderzucker zum Bestreuen

Kartoffeln in einen gelochten Behälter geben und 25 Minuten bei 100 °C weich kochen. Die noch heißen Kartoffeln durch eine Kartoffelpresse drücken. Grieß vorsichtig mit den Kartoffeln mischen und alles auskühlen lassen.

Anschließend Eigelb, Vanillezucker, Zitronenschalenabrieb, flüssige Butter, Mehl und etwas Salz beifügen. Rasch zu einem glatten Teig verarbeiten, nicht zu stark kneten, sonst kleistert das Mehl.

Kerne mit einem Kochlöffelstiel aus den Aprikosen drücken. 1 Stück Würfelzucker in jede Aprikose stecken.

Den Teig zu einer Rolle formen und in 8 gleich große Stücke teilen. Mit bemehlten Händen flache Scheiben formen, 1 Aprikose auf jedes Teigstück geben, Teig um die Aprikosen dünn einschlagen.

Einen gelochten Behälter mit Backpapier auslegen, die Knödel nicht zu nahe beieinander einlegen und bei 100 °C rund 15 Minuten garen.
Einstweilen aus Butter und Paniermehl in einer beschichteten Pfanne Butterbrösel herstellen.
Die fertigen Knödel vorsichtig darin wälzen und mit Puderzucker bestreut servieren.

Spanischer Flan – Flan de huevo

Zutaten für 4 Portionen:

130 g Zucker
330 ml Milch
1 Vanilleschote, aufgeschlitzt
4 Eier

Die Hälfte des Zuckers in einer kleinen Pfanne schmelzen und karamellisieren lassen. In feuerfeste Förmchen gießen und erkalten lassen.

Milch mit der Vanilleschote zum Kochen bringen. Von der Hitze nehmen. Zucker und Eier mit einem Schneebesen verrühren. Nach und nach und unter ständigem Rühren die warme (nicht kochende) Milch dazugießen. Die Creme vorsichtig auf dem Karamell verteilen.

Die Formen in einen gelochten Garbehälter stellen und mit einer hitzebeständigen Klarsichtfolie abdecken. Bei 90 °C 35 Minuten garen lassen. Dann aus dem Dampfgarer nehmen (die Masse sollte fest, aber „wackelig“ sein) und abkühlen lassen. Mindestens 4 Stunden (am besten über Nacht) im Kühlschrank vollständig erkalten lassen.

Vor dem Anrichten den Rand der Förmchen mit einem spitzen Messer umfahren und die Creme vorsichtig auf einen Teller stürzen.

Tipp: Ich mische manchmal auch Instant-Kaffeepulver und ein bisschen Kondensmilch in den Flan. So wird er quasi zum „Espresso-Flan" – und schmeckt auch ganz wunderbar.

Gefüllte Äpfel mit Vanillesauce

Zutaten für 4 Portionen:

100 g Mandeln
100 g Datteln, entkernt
etwas Amaretto
(soll's für Kinder sein, dann Apfelsaft)
1 TL echter Kakao
4 Äpfel, halbiert, entkernt

Für die Vanillesauce:

500 ml Milch
100 g Zucker
1 Pkg. Vanillezucker
1–2 Vanilleschoten, aufgeschlitzt
4 Eigelb
80 g Puderzucker

Mandeln, Datteln und etwas Amaretto mit dem Stabmixer pürieren. Mit Kakao abschmecken. Die Masse in die Apfelhälften füllen.

Einen gelochten Garbehälter mit Backpapier auslegen, die gefüllten Äpfel einlegen und bei 100 °C etwa 15 Minuten garen.

Einstweilen die Sauce zubereiten: 300 ml Milch mit Zucker, Vanillezucker und Vanilleschoten erhitzen. Eigelb mit der restlichen Milch mischen und in die warme Milch einrühren. Langsam erhitzen, bis eine dickflüssige Sauce entsteht. Dann von der Hitze nehmen und noch 2 Minuten weiterrühren, bis die Sauce etwas abgekühlt ist.
Gefüllte Äpfel mit Vanillesauce servieren.

Milchreis mit Apfel und Zimt

Zutaten für 4 Portionen:

200 g Risottoreis
100 ml Schlagsahne (Schlagobers)
350 ml Milch
25 g Butter
Schalenabrieb von ¼ Bio-Zitrone
3–4 Äpfel, grob gehobelt
3 EL Zimt
3 EL Zucker

Reis, Schlagsahne, Milch, Butter und Zitronenschalenabrieb für den Milchreis in einen ungelochten Garbehälter geben und bei 100 °C 25 Minuten garen. Apfelraspel unter den Reis heben und noch weitere 10 Minuten ziehen lassen.
Mit Zimt und Zucker bestreut servieren.

Apfelkompott

Zutaten für 4 Portionen:

- 1 kg Äpfel, entkernt, in Stücken
- etwa 300 ml Wasser
- 1 Stange Zimt
- 4 Gewürznelken
- 4 TL Zucker
- 1 Prise gemahlener Zimt

Alle Zutaten außer Zucker und gemahlenem Zimt in einen ungelochten Garbehälter geben – die Äpfel sollten knapp mit Wasser bedeckt sein. Bei 98 °C 35 Minuten garen.
Kompott mit Zucker und Zimt abschmecken.

Dieses Rezept ist das Grundrezept für klassische Kompotte. Ich mache auch gerne Birnen-, Rhabarber- oder Pfirsichkompott. Und das klappt mit dem Dampfgarer ganz wunderbar. Es gibt zwar etliche Garzeittabellen, ich halte es allerdings eher einfach: Je weicher das Obst, desto kürzer die Garzeit.

Heiße Liebe

Zutaten für 4 Portionen:

½ kg Himbeeren, frisch oder tiefgekühlt
5 EL Himbeersirup
4 EL Puderzucker
1 l Vanilleeis
einige Schokostreusel

Ein paar Himbeeren beiseitelegen. Die restlichen Himbeeren mit 4 EL Sirup in einen ungelochten Garbehälter geben und bei 100 °C 4 Minuten garen lassen (tiefgekühlte Himbeeren brauchen etwa 7 Minuten). Herausnehmen und mit dem Stabmixer pürieren. Mit Puderzucker und dem restlichen Sirup abschmecken.

Den Großteil der Himbeersauce auf 4 Dessertgläser verteilen. Jeweils 2 Eiskugeln daraufsetzen. Mit dem restlichen Himbeersirup beträufeln und mit Schokostreuseln und Himbeeren garnieren.

Schokoladedessert

Zutaten für 4 Portionen:

100 g Schokolade
½ l Milch
50 g Zucker
20 g echter Kakao
5 Eigelb
2 Eiweiß
Salz
1 Handvoll Himbeeren

Schokolade, Milch, Zucker und Kakao in einem Topf erwärmen. Auskühlen lassen. Wenn die Masse vollständig abgekühlt ist, Eigelb unterrühren. Die Masse auf 4–6 Einweckgläser verteilen. Die Gläser in einen gelochten Behälter stellen und bei 90 °C 15 Minuten garen. Über Nacht geschlossen im Kühlschrank aufbewahren.

Aus dem Eiweiß und etwas Salz einen steifen Schnee schlagen. Jeweils 1 Klecks Eischnee auf jedem Schokodessert verteilen, mit ein paar Himbeeren dekorieren.

Schweizer Schoggicreme

Zutaten für 4–6 Portionen:

220 g Schweizer Schokolade, in kleine Stücke gebrochen
250 ml Milch
250 ml Schlagsahne (Schlagobers)
40 g Zucker
2 Eier

Schokoladestücke in einen ungelochten Garbehälter geben. Die restlichen Zutaten kurz mit dem Stabmixer verquirlen und zur Schokolade gießen. Behälter mit Frischhaltefolie abdecken und für 30 Minuten bei 100 °C im Dampfgarer garen.

Dann die Schokoladecreme mit dem Stabmixer durchmixen. Behälter wieder mit Folie abdecken und kühl stellen.
Gekühlte Schoggicreme auf Portionsgläser aufteilen und servieren.

Traditionell wird die Schoggicreme mit etwas Schlagsahne serviert. Ich gebe aber gerne auch einige Beeren und brösle ein oder zwei Kekse darüber.

Crema catalana

Zutaten für 4–6 Portionen:

4 Eigelb
250 ml Schlagsahne (Schlagobers)
250 ml Milch
1 TL Vanillezucker
2 EL gehackte Mandeln
3 EL Farinzucker

Eigelb verquirlen. Schlagsahne und Milch bis kurz vor dem Kochen erhitzen. Topf vom Herd nehmen. Vanillezucker, Eigelb und gehackte Mandeln unterrühren.

Die Masse in 4–6 Auflaufformen füllen, mit hitzebeständiger Folie abdecken und bei 90 °C 35 Minuten garen. Herausnehmen, abkühlen lassen und für etwa 4 Stunden in den Kühlschrank stellen.

Backofen auf 200 °C Oberhitze vorheizen.

Die Crema mit Farinzucker bestreuen und so lange in den Ofen stellen, bis der Zucker goldbraun verlaufen ist – das dauert etwa 8 Minuten. Sofort servieren.

Orientalisches Couscousdessert

Zutaten für 4 Portionen:

250 g Couscous
400 ml warme Milch
50 g Rosinen
2 Datteln, entkernt, fein gehackt
etwas Dattel- oder Himbeersirup
200 g Himbeeren
1 Handvoll Mandeln, gehackt
etwas Mandelöl

Couscous in einen ungelochten Behälter geben. Mit warmer Milch übergießen, Rosinen und Datteln zugeben und mit Sirup süßen. Bei 80 °C 5 Minuten quellen lassen. Die Himbeeren unterheben.
Couscous vor dem Servieren mit Mandeln bestreuen und mit Mandelöl beträufeln.

Mohnnudeln auf Wiener Art

Zutaten für 4 Portionen:

- ½ kg mehlige Kartoffeln, geschält, in Stücken
- 120 g griffiges Mehl, etwas griffiges Mehl zum Bestäuben
- 90 g Butter
- 2 Eigelb
- 50 g Puderzucker
- 100 g geriebener Mohn

Kartoffeln in einen gelochten Behälter geben und 25 Minuten bei 100 °C weich kochen. Die noch heißen Kartoffeln durch eine Kartoffelpresse drücken und auskühlen lassen. Mit Mehl, 40 g Butter und Eigelb vermischen und zu einem glatten Teig kneten.

Den Teig mit griffigem Mehl bestäuben, zu 2 cm dicken Stangen rollen und in kleine Stücke schneiden. Teigstücke mit der flachen Hand zu runden Nudeln rollen, die an den Enden schmäler werden.

Nudeln in die gelochten Behälter geben und bei 100 °C 10 Minuten garen lassen. Dann die restliche Butter in einer kleinen Schüssel ebenfalls in den Dampfgarer schieben. Nudeln und Butter weitere 5 Minuten bei 100 °C garen lassen.

Puderzucker einstweilen mit Mohn vermischen. Nudeln in der zerlassenen Butter schwenken und mit der Zucker-Mohn-Mischung bestreuen. Dazu passt ein klassischer Zwetschkenröster sehr gut – Rezept siehe 132.

Lindy's Cheesecake

Zutaten für einen Kuchen mit ca. 20 cm Durchmesser:

Für den Boden:

125 g Kekse
(Graham Crackers oder Vollkorn-Butterkekse)
80 g Butter, zerlassen
50 g Zucker

Für den Belag:

4 Eier
200 g Zucker
600 g zimmerwarmer Frischkäse
170 ml Schmand oder
Crème fraîche oder
saure Sahne (Sauerrahm)
170 ml Schlagsahne (Schlagobers)
Saft und Schalenabrieb von 1 Zitrone
2 EL Mehl
Mark von 1 Vanilleschote

Kekse in eine Plastiktüte geben, diese gut verschließen. Kekse mit einem Nudelholz stark zerkrümeln, dann in einer Schüssel mit der zerlassenen Butter und dem Zucker vermischen. Die Mischung in eine Springform geben und mit den Fingern oder mit einem Löffelrücken gut und möglichst fest andrücken. Die Form für mindestens 20 Minuten in den Kühlschrank stellen.

Alle Zutaten für den Belag mit einem Mixer zu einer sehr glatten Masse verrühren. Die Masse gleichmäßig auf dem gekühlten Keksboden verteilen. Mit Frischhaltefolie abdecken und bei 100 °C 50 Minuten garen. Den Kuchen mindestens 3 Stunden (besser über Nacht) auskühlen lassen und erst dann genießen.

Sanfter Geschmack und intensiver Genuss für die ganze Familie mit den Miele-Dampfgarern

Der Hausgerätehersteller Miele ist Marktführer bei hochwertigen Dampfgarern und bietet verschiedenste Geräte für unterschiedliche Ansprüche und jeden Platzbedarf – vom einfachen Standmodell bis zu Dampfgarer-Kombis mit Mikrowellen- oder Backofenfunktion. Profis schätzen die Dampferzeugung außerhalb des Garraumes.

Die Methode des Dampfgarens ist schon viele tausend Jahre alt, ihre Wurzeln liegen in China. Heute ist Dampfgaren ein echter Trend. Der Grund dafür ist schnell erklärt: Es ist einfach, spart Zeit, Nerven sowie Geld und verhilft zu einer gesünderen und vor allem schmackhafteren Ernährung.

Unterschiedlichste Dampfgarer und Kombinationsgeräte sorgen für eine schonende Zubereitung der Speisen, sanften Geschmack und intensiven Genuss.

Der Stand-Dampfgarer findet in jeder Küche Platz

Der Miele Stand-Dampfgarer benötigt nur 50 cm Platz auf der Arbeitsplatte, zeigt aber, was er kann, wenn Beilagen, Fisch und Gemüse gleichzeitig gegart werden: Es kommt zu keinen Geschmacksübertragungen. Reine Dampfgarer gibt es in unterschiedlichen Breiten auch für den Einbau.

Dampfgarer mit Backofenfunktion

Dampfgaren bei 40–100 °C in Kombination mit z. B. Heißluft Plus im Bereich von 40–225 °C bietet größtmögliche Individualität beim Backen und Braten. Das Wechselspiel zwischen feuchtem und trockenem Klima lässt sowohl knuspriges, lockeres Brot als auch zartes, saftiges Fleisch mit gut gebräunter Kruste entstehen.

Dampfgarer mit Backofenfunktion gibt es für die kompakte, 45 cm hohe Möbelnische oder mit den Abmessungen eines 60er-Standardbackofens.

Die 60er-XXL-Modelle mit vollwertiger Backofenfunktion sind mit einem 68-Liter-Garraum ausgestattet. Das Spitzenmodell verfügt über das M Touch-Display, über das sich die Geräte wie ein Smartphone bedienen lassen, und eine praktische Suchfunktion für über 200 Automatikprogramme.

Dampfgarer mit Mikrowellenfunktion

Auf die Schnelligkeit der Mikrowelle wollen viele nicht verzichten. Aus Platzgründen heißt es oft „entweder Dampfgarer oder Mikrowelle". Ein völlig neu konstruiertes Miele-Einbaugerät hilft aus diesem Dilemma – der Dampfgarer mit Mikrowelle DGM 6800, ein Einbaugerät für die 45 cm hohe Möbelnische.

Auf www.dampfgaren.at finden Sie alle Dampfgarer-Modelle, spannende Geschichten aus Österreichs Küchen, köstliche Rezeptideen, wertvolle Tipps & Tricks und Infos über aufregende Kochevents.